韓国民芸の旅

【増補新版】

【編著】高崎宗司

草風館

はじめに　　　　　2001年1月

高崎宗司

　この本は、ジャパンコムツーリストが1997年から毎年2～3回、企画し取り扱った「浅川巧の足跡と韓国焼物を訪ねる旅」などと題する10回近い旅での小講演・説明をもとにして編まれたものです。
　旅は主として、添乗員の八文字保夫さんによって企画され、韓国の漆名匠で、韓国の民芸全般に明るい洪東和さんと、柳宗悦と浅川兄弟を研究している高崎宗司が、現地講師として案内する形で行われました。
　この本の第3章に書かれていることは、それぞれの博物館から出されている図録や、その他の参考書（古い文献の引用にあたっては、読みやすくするために現代仮名遣いに改め、難しい漢字をひらがなに改めました）、そして現地での見聞に基づいています。高崎宗司の名で書かれていることの中には、いちいち断っていませんが、洪東和さんのお話しされたことがたくさん取り入れられています。
　さて、わたしたちは専用のバスで移動しましたが、読者の皆さんの多くは公共の交通機関を利用して現地を訪問することでしょう。そこで、それらに関する情報も少しは入れたのですが、充分ではありません。そこで、ホテルや案内所で、まず、地図や交通案内図を手に入れ、余裕をもって計画を立てることをお勧めします。
　それから、ハングルの教科書を持参して、旅行中にひもとくこともお勧めします。金裕鴻『ハングル入門』（講談社学術文庫、2000年刊）は、とてもよく構成されたテキストであるうえに、持ち歩くのに便利です。
　それでは、よい韓国民芸の旅をお楽しみください。

増補版に寄せて　　　　　2005年12月

　2002年8月を最後に、私はジャパンコムツーリストの現地講師を辞めましたが、その後も、韓国民芸の旅を続けています。そこで、本書の初版が刊行された後に訪れた30箇所の博物館・史跡・窯元などについて新たに書き足しました。また、その後に得た友人・深沢美恵子さんを中心とする数人と協力して、「日本の中の朝鮮美術工芸品」という題で、雑誌『民芸』に、日本民芸館などが所蔵する朝鮮美術工芸の紹介を続けています。連載は続いていますが、掲載済みのものを「日本の中の韓国民芸の旅」と改題して、この本に収めることにしました。読者の皆さんにはきっと喜んでいだけると思います。

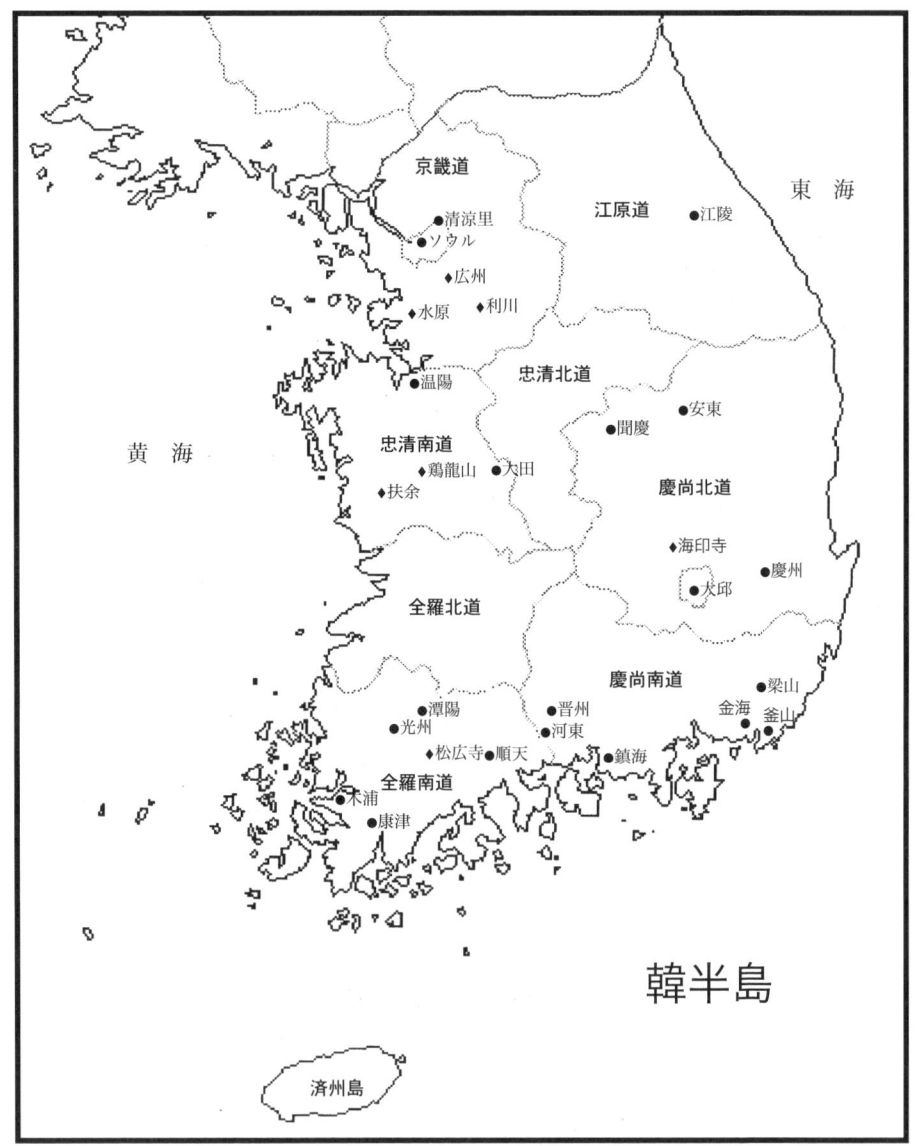

●目　次●

はじめに

第1章　柳宗悦・浅川兄弟の歩いた道

柳宗悦……6　　浅川伯教……11　　浅川巧……18

韓国の山と民芸に帰依した日本人がいた……24

第2章　韓国の民芸

朝鮮時代の陶磁器……28　　膳の知恵……33　　漆の製作過程……39

第3章　博物館・美術館・史跡・窯跡・窯元

◎景福宮とその周辺……46◎

景福宮 / 光化門 / 緝敬堂 / 国立民俗博物館 / 国立古宮博物館 / 仁寺洞 / タプコル公園 / 北村と南村ゴル韓屋マウル / 雲峴宮 / 骨董商協会競売場 / ソウル歴史博物館 / 陶遊

◎ソウル市内……54◎

安重根義士記念館 / 梨花女子大学博物館 / 湖林博物館 / 刺繍博物館 / 浅川巧ゆかりの地 / 円丘壇 / 長安坪古美術商街と三喜古美術商街 / オンギ民俗博物館 / Ｌｅｅｕｍ（サムスン美術館） / 国立中央博物館

◎京畿道……63◎

分院窯跡 / 利川陶芸村 / 韓国民俗村 / 水原城 / 京畿道博物館 / 仁川 / 英陵 / 神勒寺

◎忠清道……68◎

温陽民俗博物館 / 李舜臣顕忠祀 / 国立扶余博物館 / 定林寺址 / 宮南池 / 扶蘇山・公山城 / 宋山里古墳群（武寧王陵） / コムナル / 国立公州博物館 / 鶏龍山鶴峰里陶窯址 / 陶祖李参平公記念碑 / 鶏龍山陶芸村 / 東鶴寺 / 甲寺 / 撫石陶芸

◎全羅道……82◎

潭陽竹物博物館 / 国立海洋遺物展示館 / 木浦郷土文化院 / 康津窯跡 / 松広寺 / 国立光州博物館 / 扶安 / 亀岩里支石墓群 / 柳川里青磁窯址 / 牛東里陶窯址

/ 無為寺 / 王仁博士遺跡
◎慶尚道……92◎
金海鳳凰台遺跡 / 首露王陵 / 国立金海博物館 / 金海茶碗 / 釜山市立博物館 / 福泉博物館 / 釜山の骨董街 / 梵魚寺 / 梁山市法基里窯跡 / 高霊・池山洞古墳群 / 海印寺 / 陶山書院 / 鳳停寺 / 安東河回村 / 嶺南窯と聞慶窯 / 伽倻土器の窯場 / 鎮海市頭洞窯跡 / 晋州市 / 国立晋州博物館 / 河東郡辰橋面白蓮里窯跡

付録　日本の中の韓国民芸の旅……101
出羽桜美術館 / 東北福祉大学芹沢銈介美術工芸館 / 益子参考館 / 須坂クラシック美術館 / 浅川伯教・巧兄弟資料館 / 日本民芸館 / 徳川美術館 / 富本憲吉記念館 / 高麗美術館 / 大阪市立東洋陶磁美術館 / 倉敷民芸館

付録　高崎宗司と行く韓国の旅……117
2004年韓国民芸の旅 / 2007年韓国民芸の旅

●執筆内訳●

第1章　柳宗悦・浅川兄弟の歩いた道
韓国の山と民芸に帰依した日本人がいた　浜美枝

第2章　韓国の民芸
朝鮮時代の陶磁器　片山まび
膳の知恵　洪東和
漆の製作過程　洪東和

第3章
忠清道　加藤利枝

付録の一部
深沢美恵子 / 李尚珍 / 加藤利枝 / 栗田邦江

その他は高崎宗司

第1章　柳宗悦・浅川兄弟の歩いた道

　柳宗悦は、1916年から38年にかけて、なんと約20回も朝鮮を訪ねて、朝鮮とその芸術を日本に紹介しました。また、浅川巧と図って、1924年、ソウルに朝鮮民族美術館を設立しました。日本民芸館の設立に先立つこと、12年です。柳宗悦の朝鮮に寄せる思いの深さを想像することができるでしょう。

　浅川伯教は、1913年、その芸術にひかれて朝鮮に渡りました。そして、敗戦後の1946年まで朝鮮に在住して、朝鮮陶磁史の研究に打ち込みました。「朝鮮古陶磁の神様」と言われたゆえんです。

　弟の巧は、1914年に兄を慕って朝鮮に渡りました。そして、1931年に朝鮮で亡くなるまで、朝鮮の山に木を植え、朝鮮の民芸品を蒐集・研究し、朝鮮人との交わりを深くしました。彼の墓は、今もソウル郊外にあります。

　浜美枝さんには、心温まる紀行文をいただきました。

　韓国を旅行しながら、彼らの生涯と朝鮮との関わりを振り返ってみましょう。

柳　宗悦

　1889年生まれの柳宗悦が15歳になったとき、日露戦争が勃発しました。そのとき、姉・直枝子の夫・加藤本四郎は朝鮮・仁川の領事をしていました。それから7年後、妹の千枝子が朝鮮総督府の事務官・今村武志に嫁ぎました。柳に朝鮮への関心が芽生えたのは、こうした家庭的事情もありました。また、1911年、それとは知らずに神田の骨董店で朝鮮白磁を買ったことも、朝鮮との出会いの始まりでした。

　しかし、朝鮮民芸への関心を一気に高めたのは、14年に朝鮮から柳を訪ねてきた浅川伯教と、彼が土産に持参した李朝染付秋草面取壺（正しくは李朝染付秋草面取胡蘆瓶の下部。現在は日本民芸館にあります）でした。柳はその美に感激して、朝鮮を訪ねることにしました。

　16年8月のたぶん11日、柳は釜山に上陸し、浅川伯教が出迎えました。19日には海印寺を見学し、9月1日には慶州の石窟庵（石仏寺）を見ています。「京城」（今日のソウル）では浅川巧の家に泊まりました。そこではすでにたくさんの朝鮮民芸品が使用されていました。柳は後に、巧の家で朝鮮民芸の美に開眼した、と回想しています。その後は、高麗の古都で今は北朝鮮に属する開城、新義州を経て、中国へ入っています。

　それから2年8か月がすぎた19年3月、朝鮮で三・一独立運動が始まりました。日本はそれに対して弾圧しました。柳は5月になると、『読売新聞』に「朝鮮人を想う」を発表して、次のように書きました。

　「余は今度の出来事に就いて少なからず心を引かされている。特に日本の識者が如何なる態度で、如何なる考えを述べるかを注意深く見守っていた。然しその結果朝鮮に就いて経験あり知識ある人々の思想が殆ど何等の賢さもなく深みもなく又温みもないのを知って、余は隣人の為にしばしば涙ぐんだ」

　また、日本政府の朝鮮同化政策を批判し、「独立が彼等の理想となるのは必然な結果であろう」と述べたのでした。当時として、たいへんに勇気のある発言でした。

　一方、『芸術』の6月号には「石仏寺の彫刻に就て」を発表しています。

　朝鮮の芸術に関して初めてまとまった文章を発表したのが、三・一独立運動の直後であったことに注意すべきでしょ

李朝染付秋草面取壺

柳宗悦

う。柳は政治と芸術を結びつけて見ていたのです。

　20年の正月、柳とその夫人・声楽家の兼子は、朝鮮に行って講演会と音楽会を開くことを計画しました。2月には朝鮮人留学生で天才詩人と称された南宮璧が柳宅を訪ねてきて協力を申し出ました。4月になると、朝鮮の新聞『東亜日報』は柳の「朝鮮人を想う」を翻訳して連載しました。

　続けて、柳の「朝鮮の友に贈る書」を、日本での発表に先立って連載しました。しかし、朝鮮総督府は連載3日目で掲載を中断させました。「朝鮮の友に贈る書」は、日本では6月号の『改造』に発表されましたが、多くの部分が削除されました。それは次のような部分です。

　「長い間代わる代わるの武力や威圧の為に、どこ迄も人情を踏みつけられた朝鮮の歴史を想う時、私は湧き上がる涙を抑え得ない」

　「もし日本が暴力に傲る事があるなら、いち早く日本の中から貴方がたへの味方が現われるであろう」

　朝鮮を訪ねたのは5月2日から23日ごろにかけてです。3日、京城に着いた柳たちはかつて留学生運動の指導者であった画家の羅恵錫らに迎えられました。ある日の歓迎会での記念写真には、詩人の呉相淳、元・独立協会会長の尹致昊、培材学堂校長の申興雨、三・一独立運動参加者を弁護した金雨英らが写っています。

　柳宗悦は講演会を開き、同行した兼子も4日以降、繰り返し音楽会を開きました。兼子はヨーロッパ音楽の朝鮮への紹介者として朝鮮音楽史に評価されています。

　帰国後、柳は旅行の記録を「彼の朝鮮行」と題して『改造』の10月号に、また、「赤化に就て」を『改造』の12月号に寄稿しました。前者の中で柳は、浅川伯教所蔵の染付辰砂蓮華文壺（現在は大阪市立東洋陶磁美術館にあります。→111頁）の美しさを絶賛しました。そして、それに刺激されて、朝鮮美術史の執筆、朝鮮民族美術館の設立を計画しました。

　21年1月号の『新潮』に「陶磁器の美」、『白樺』に「『朝鮮民族美術館』の設立に就て」を発表した柳は、1月10日から24日まで、朝鮮に行って朝鮮民族美術館設立のために奔走します。

　ところで、このころ、柳の家には、南宮璧が居候することになりました。14歳で「愛国説」を書き、日本の有名雑誌『太陽』19年11月号に「朝鮮文化史上の光輝点」を発表するほどの力をもっていた南宮との付き合いは、柳に朝鮮人とその芸術について多くのことを学ばせた

にちがいありません。

　5月になると、東京で朝鮮民族美術展覧会を開催します。そして、6月1日には朝鮮へ向かい、7月18日まで滞在しています。この旅には、兼子と南宮が同行しています。そして、3日から5日にかけて京城で、7日は開城で、9日は平壌で、10日と11日には鎮南浦で、13日から15日にかけて、また、20日〜22日と30日には京城で、講演会あるいは音楽会を開催しています。そして、その収益で民芸品を買い集めたのです。

　帰国して間もない7月末、妹が危篤になり、柳は京城に戻りました。妹が死に、葬式が終わると、彼はまた、朝鮮民族美術館の敷地探しに奔走しています。

　11月末から12月初めにかけては、朝鮮民族美術館の名で京城で西洋名画複製展覧会を開催しています。

　柳は、22年の正月も朝鮮で迎えています。5日には浅川巧らと冠岳山の窯跡を調査し、14日から15日にかけてはブレイク展覧会を開きました。16日には早逝した南宮壁の墓参りをしています。

　同年8月、柳の耳に景福宮の正門・光化門（→46頁）が破壊されようとしているという話が聞こえてきました。彼は『東亜日報』8月24日〜28日付けと『改造』9月号に「失われんとする一朝鮮建築の為に」を発表して破壊に反対しました。その結果、光化門は破壊を免れましたが、移転することを余儀なくされました。今、景福宮（→46）の正面に立っているその門は朝鮮戦争後に再建されたものです。

　一方、『白樺』9月号には「李朝陶磁器の特質」などを発表しました。また、

朝鮮民族美術館の内部

これまで書いてきたものをまとめて『朝鮮とその芸術』を刊行しました。柳は「序」で、この一書を著す機縁は「朝鮮問題に対する公憤」と「その芸術に対する思慕」だった、と述べています。

　9月13日から10月14日にかけて、柳はまたも1か月余の朝鮮旅行をしています。9月17日には浅川兄弟らと連れ立って分院の窯跡（→63頁）を調査したりしていますが、主な目的は、10月5日から7日にかけて京城の貴族会館（現在の乙支路二街。外換銀行のあたりにありました）で李朝陶磁器展覧会を開くことでした。

　関東大震災が起こり、多くの朝鮮人が虐殺されたのは、23年の9月でした。柳は同年11月17日ごろから朝鮮に渡って、何度か講演会を開いています。また、震災で消失した在東京・朝鮮YMCAの建物の再建のために寄付をしています。日本人の一人として贖罪の気持ちがあっ

たのでしょう。

24年3月27日からの朝鮮行は、4月9日に朝鮮民族美術館の開館式を挙行するためでした。美術館の建物には景福宮内の小建築・緝敬堂と咸和堂（→49頁）が利用されました。これらの建物は今も残っています。朝鮮民族美術館の開館が日本民芸館の開館に先立つこと12年であったということは、日本の民芸運動の源流に朝鮮での民芸発見があったことを象徴的に物語っています。

朝鮮民族美術館では25年4月に木喰仏写真展と発掘陶片展を行っています。また、柳は、同年10月にも朝鮮を旅行し、新羅の古都・慶州や金剛山を見学しています。

26年10月、27年10月、28年7月〜8月にも、李朝美術展覧会を開くために朝鮮へ渡っています。28年の旅のときに柳は浅川兄弟とともに鶏龍山の窯跡（→77頁）を訪ねていますが、このときは日本の古代美術の研究者で、ハーバード大学フォッグ美術館東洋部長でもあったラングトン・ウォーナーと、その夫人で、朝鮮陶磁器の研究家であったロレーヌも一緒でした。（→78頁）

29年4月、柳は渡欧の途中、京城で下車し、浅川巧と会いました。これが生きている巧との最後の面会になりました。彼は31年4月2日に肺炎で亡くなるからです。

この時、柳は巧危篤の連絡を受け取るとすぐ京城に向かいましたが、死に目には会えませんでした。この時の柳の驚きと嘆きは、かつてないものでした。彼は、翌年1月に開かれた巧の1周忌に兼子と連れ立って参加しました。そして、追悼の講演会と独唱会を開いて、その収益を巧の墓碑を建てるために寄付しました。今もソウルの忘憂里（→22頁）に立っている墓碑はそのときのものです。

柳は34年3月に発行した『工芸』を「浅川巧追悼号」として発行し、「浅川のこと」を寄稿しました。短文ですが、巧の人間性を喝破した素晴らしい文章です。『柳宗悦全集』第6巻や『回想の浅川兄弟』（草風館）に収録されています。

35年5月、柳はイギリスに帰るバーナード・リーチを朝鮮まで送っていきました。そして、蔚山・慶州などを見学しました。

36年5月8日から25日にかけて、柳は河井寛次郎・浜田庄司とともに、日本民芸館の蔵品収集のため、朝鮮・満州を旅行しました。釜山・慶州・阿火・大邱・京城・開城・鏡城・平壌・金剛山に足跡を印しています。このときの旅行記を柳は『工芸』12月号に「朝鮮の旅」（後に「朝鮮の風物」と改題しました）と題して書いています。

1928年、新しき村の会合（浅川巧宅前にて）

37年4月30日から5月18日ごろにかけて、柳は再び河井寛次郎・浜田庄司・浜口良光・土井浜一とともに、日本民芸館の蔵品収集のために朝鮮を旅行しました。釜山から麗水へ入って、順天・谷城・光州・潭陽・長城・高敞・羅州・南平・全州・南原・任実・長水・雪峰・立石など全羅南道と全羅北道を回って、京城に至っています。谷城では窯場、潭陽（→82頁）では竹細工、とりわけ簾、長城では紙、羅州では膳、長水では石器、雪峰では木綿を購入しています。帰国後は、日本民芸館で、李朝陶磁器展、続いて朝鮮の木工・漆・金工・石器展を開きました。このときの旅行記は、柳・河井・浜田の連名で『工芸』の翌年3月号に「全羅紀行」と題して発表されています。

40年の10月14日に中国の北京を訪問した柳は、25日ごろ京城に到着していますが、詳しい足どりはわかりません。柳が朝鮮に足跡を残した最後です。

柳の朝鮮に対する関心は戦後も失われることはありませんでした。しかし、韓国・北朝鮮へは一度も足を踏み入れることなく、61年5月に死去しました。

なお、柳の朝鮮関係の論文は、22年に『朝鮮とその芸術』（叢文閣）、54年に『柳宗悦選集第4巻・朝鮮とその芸術』（春秋社）、81年に『柳宗悦全集著作篇第6巻・朝鮮とその芸術』（筑摩書房）、84年に高崎宗司編『朝鮮を想う』（筑摩書房）にまとめられています。わたしが編集した本には、「柳宗悦と朝鮮関係年譜」と「柳宗悦と朝鮮関係文献目録」がついています。

また、柳と朝鮮との関わりについての研究には、拙著『「妄言」の原形——日本人の朝鮮観』（木犀社、1990年）に収められた「朝鮮問題への公憤と芸術への思慕　柳宗悦」、中見真理『柳宗悦—時代と思想』（東京大学出版会、2003年）、加藤利枝「韓国人による柳宗悦論の研究」（『言葉と文化』創刊号、2000年3月）などがあります。

84年、韓国政府は朝鮮文化紹介に対する功績を讃えて柳に宝冠文化勲章を贈りました。また、朴在森・李大源・宋建鎬・朴在姫・金鍾浩・李キルジン・沈雨晟・張美京らが柳の『朝鮮とその芸術』あるいは『朝鮮を想う』を朝鮮語に翻訳して、韓国国民に柳の存在を紹介しています。一冊の本がこんなに繰り返し翻訳された例はほかにありません。こうして、柳宗悦の名は今も韓国で知られています。また、最近では、李仁範『朝鮮芸術と柳宗悦』（シコン社、1999年）のような本格的な柳宗悦研究が発表されています。

なお、『民芸』2005年3月号から連載されている李尚珍さんの「論文紹介」は、最近、日本と韓国で発表された「柳宗悦と朝鮮」関係論文を広く紹介しています。

浅川伯教

　浅川伯教は1884年、山梨県北杜市高根町五町田の生まれです。山梨県師範学校を出て、小学校の教師をしていました。1913年5月はじめに朝鮮へ渡り、京城府貞洞11番地に居を定めました。後年、伯教が妻のたかよに筆記させた「浅川伯教略歴」には、「関野貞の報告書によって李王家博物館の存在を知り、伝を求めて渡鮮す〔今なら「渡朝す」と書くところでしょう〕」とあります。

　また、「浅川伯教、巧両氏が朝鮮に住むようになったのも小宮山氏のヒントによると聞いている」という説もあります。小宮山清三は、伯教・巧兄弟と同じく甲府メソジスト教会の会員であり、一時は毎日のように会うほどの間柄であったといいます。小宮山は甲府市外の池田村きっての素封家で、後に木喰仏の研究家として知られるようになる人ですが、早くから民芸品、古陶磁、絵画などを熱心に蒐集していました。彼は、実兄の朝鮮での農場経営を助けるために13年から14年まで朝鮮で働いたことがあり、そのときに朝鮮の陶磁器を多数集めて、郷里の自宅へ輸送し、文庫蔵の2階に陳列していたのでした。

　伯教は京城府南大門公立尋常小学校や京城府西大門公立尋常小学校などで、教育に従事しました。伯教から学んだ生徒の中には、後に作曲家として有名になった古賀政男がいます。

　当時、伯教はロダンに心酔し、彫刻家になることを志していました。14年9月、伯教が千葉県我孫子に柳宗悦を訪ね

浅川伯教

たのも、ロダンから白樺派に贈られたロダンの彫刻を柳宗悦が預かっている、と知ったためでした。

　20年10月、伯教が制作した朝鮮人像「木履の人」が帝展に入選しました。彼はこのとき『京城日報』記者のインタビューに答えて、「朝鮮人と内地人〔日本人のこと〕との親善は政治や政略では駄目だ、矢張り彼の芸術我の芸術で有無相通ずるのでなくては駄目だと思いました」と語っています。

　22年4月、伯教は朝鮮へ帰っています。そして、朝鮮陶磁史の研究に打ち込みます。伯教の約55年の李朝白磁研究の歴史は、大きく4つの時期に分けることができます。第1期は、朝鮮の陶磁に関心を持ちはじめた1910年ごろから本格的に研究に取り組むようになった

1922年の李朝陶磁展覧会、左より浅川伯教、一人おいて柳宗悦

1923年12月までの14年間、第2期は、1928年4月、伯教ら4人の共同研究に対して、啓明会から補助が出るようになり、7月からは同会が設立した朝鮮陶器研究会の研究員となって伯教が研究に専念するまでの5年間、第3期は、敗戦をへて1946年に帰国するまでの18年間、第4期は、1964年に亡くなるまでの18年間です。

13年5月上旬、はじめて朝鮮の土を踏んだ伯教は、さっそく昌慶苑にあった李王家博物館に足を運びました。そこには高麗の青磁がありました。「一つ佳いものを欲しいとは思ったが、価が高くて手が届かなかった」。

ところが、「或夜京城の道具屋の前を通ると何だかごたごたした朝鮮の道具の中に白い壺がぽかっと電灯の下にあった。この穏やかに膨らんだ丸い物に心を引かれて立ち止まって暫見入った」。価を聞くと「5円」といいます。伯教は喜んで買って帰りました。そして、思いました。「高麗の青磁は冷たい美しさがこの白磁は現在の私の血に通う生きた友である。これには間違いはない。私の眼が開けたのだ、よい物を見た」

当時、李朝白磁を顧みる人は多くありませんでした。そこで、伯教は非常に安い価格で李朝白磁を買いあつめることができました。14年9月、我孫子に柳宗悦を訪ねた時、土産に持参した李朝秋草面取壺も、そのなかの一つでした。

このころ、朝鮮では各地で土木工事が行われていました。そして、そこからはときどき陶磁器の破片が出土しました。伯教はそれらの陶片を集めて、朝鮮陶磁史を研究することを思いたちました。彼はまた、朝鮮陶業試験場に通って、高麗青磁の製法を研究しました。朝鮮の陶磁に強い関心をもっていたバーナード・リーチに青磁の製法を教え、青磁の破片を参考に送ったり、陶芸家・富本憲吉と親交を結んだりしたのも、このころのことでした。

22年、伯教は彫刻の修業を終えて、3年ぶりに朝鮮へ帰ってきました。そして、陶磁史の研究を再開しました。まず、その遺跡のだいたいの年代が推定できる王宮遺跡を『宮闕史』や『宮闕古地図』などから捜し出し、そこを掘り返しては陶片を集め、それを王宮遺跡の年代順に並べました。こうして、陶磁器の時代的変遷を明らかにすることに成功しました。『白樺』1922年9月号に発表した「李朝陶器の価値及び変遷に就て」はその最初の成果でした。

彼は、そこではじめて、李朝を初期・中期・後期・末期と4区分し、初期を三島全盛時代、中期を堅手白磁全盛時代、後期を染付全盛時代と特徴づけました。

三島が高麗時代のものでなく李朝時代のものであることをはじめて明らかにしたのも、この論文でのことでした。
　この論文は、当時、朝鮮人の間でも高く評価され、「李朝陶磁器の史的考察」と改題されて、22年11月12日から12月17日にかけて、朝鮮語の週刊新聞『東明』に6回にわたって翻訳されました。
　第2期が始まるのは、23年12月のことでした。伯教はこのときから、朝鮮陶磁史の研究に本格的に取り組みはじめました。日本に渡った朝鮮茶碗を調査するために京都など日本各地を行脚し、茶碗渡来の時期を調べることをとおして、その時代的変遷を明らかにしようとしたのでした。
　23年には対馬に行きました。朝鮮と縁の深かった宗氏所蔵の朝鮮陶磁器を調査するためでした。24年7月には、京都の柳宗悦邸に滞在して、関西の各所に所蔵されていた朝鮮の陶磁器を調査しました。横井夜雨の紹介で、茶人として名高い鈍翁・益田孝に会ったのも、このときでした。益田が見せてくれた40幾個かの朝鮮茶碗を伯教は年代順に並べてみせ説明したといいます。その後、伯教は益田の紹介によって、喜左衛門井戸などの名品を手に取って鑑賞する機会にも恵まれました。
　伯教は、朝鮮茶碗の産地を確かめるために朝鮮各地の窯跡も調査しました。25年1月には、鶏龍山（→77頁）・康津（→84頁）などの窯跡を、弟の巧や中尾万三・小森忍らとともに調査しました。そして、26年には鶏龍山東鶴寺の谷に沿ってあった数か所の大窯跡を発見しました。

『釜山窯と対州窯』の挿絵

　さらに、日本の古陶磁と朝鮮のそれとを比較するために、27年1月には、博多・唐津・長崎などの窯跡も調査しました。
　伯教が啓明会の資金援助を受けて、後顧の憂いなく研究に没頭できるようになったのは、28年7月のことでした。これが第3期のはじまりです。彼の研究が経済的に無報酬のなかで行われていることを知った陶器研究家の倉橋藤治郎の尽力で、28年4月に、財団法人啓明会から、浅川伯教・浅川巧・柳宗悦そして倉橋、4人の共同研究「朝鮮陶器の研究」に対して、3,000円の補助が出ることになったのです。
　また、7月には再び倉橋が骨を折って、啓明会内に朝鮮陶器研究会を組織し、伯教を研究員に迎えました。朝鮮陶器研究

会は、倉橋が、朝日麦酒社長の山本為三郎や朝日新聞社社長の村山龍平らに資金援助を要請し、伯教に朝鮮の窯を隈なく調べてもらうために作った研究会でした。これによって、伯教は今まで以上に幅広い調査をすることが可能になりました。

伯教はまず、『世宗実録』『経国大典』『東国輿地勝覧』などの古典を読破し、そのなかから李朝陶磁器の産地を300か所あまり捜し出しました。そして、それを手掛かりとして、各地の窯跡をしらみつぶしに調査する計画を立てました。そして、「陶器記載用紙」というカードを作って、窯跡めぐりのたびに、陶片を採集し、その採集地、推定年代、形状を記入することにしました。

それとは別に、29年から31年にかけて調査した「旧沙器店跡」を各道別に8冊のノートに記録しました。それによって、主な調査行を紹介しましょう。

1929年2月22日～3月18日、慶尚道の清道・密陽・昌原・統営・固城・山清・陝川・高霊・慶山・蔚山・清道

同年3月31日～4月9日、全羅道の高敞・牙山・井邑

同年5月19日～6月1日、平安道の成川、江原道の原州、平安道の順川、大同、宣川・定州・亀城・寧辺

同年6月18日～26日、江原道の原州・横城・鉄原、咸鏡道の慶源・鐘城・会寧

同年7月4日～28日、咸鏡道の富寧・会寧・鐘城・明川・城津・甲山・利原・北青・洪原・咸興、平安道の金化・平康・楊口・春川

1930年3月4日～14日、慶尚道の山清・慶山・山道

同年3月18日～4月6日、忠清道の牙山・礼山・瑞山・洪城・保寧・青陽・扶余・公州・燕岐・天安

同年4月25日～29日、京畿道の江華島、黄海道の金川・平山・甕津、京畿道の長湍

同年5月1日～11日、黄海道の赤余・鳳山・瑞興、忠清道の忠州・槐山、黄海道の新渓・遂安・長湍・坡州

同年5月20日～6月2日、京畿道の楊平・驪州・広州・龍仁・始興

同年6月8日～14日、京畿道の龍仁・漣川・坡州・楊州・安城・楊平

同年6月16日～18日、忠清道の忠州・陰城

同年6月20日～28日、京畿道の楊平・驪州・広州、全羅道の長城

同年7月7日～9日、京畿道の広州

同年7月20日～26日、京畿道の高陽・楊州

同年7月29日～30日、京畿道の加平

同年9月14日～15日、京畿道の広州

同年10月6日～7日、京畿道の広州

同年12月20日～22日、全羅道の谷城・順天

1931年5月5日～23日、忠清道の忠州・槐山、慶尚道の聞慶・醴泉・安東・青松・義城・尚州・蔚山・梁山

同年6月21日～22日、全羅道の康津

同年6月26日～28日、全羅道の光州・長城

同年8月18日～9月10日、全羅道の羅州・務安・霊岩・和順・長興・潭陽・谷城・南原・任実・鎮安・全州・金堤・扶安

以上の調査行をとおして、伯教は、京

畿道で172か所、全羅道で129か所、慶尚道で128か所、忠清道で98か所、咸鏡道で48か所、平安道で41か所、黄海道で39か所、江原道で23か所、合計678か所の窯跡を調査したわけです。

窯跡調査のかたわら、伯教は、30年7月に彩壺会から『釜山窯と対州窯』を刊行しました。釜山と対馬の交流史を描いたものです。

34年7月8日から14日まで、東京の白木屋で「朝鮮古陶史料展」を開きました。会場には、28畳大の朝鮮地図を広げ、各地の発掘陶片約1万点をそれぞれの発掘地点の上に並べたといいます。彼はまた、会場で「朝鮮陶器の時代的変遷」、「李朝分院の官窯磁器」、「我邦に伝来せる朝鮮茶碗」と題する連続講演会を行いました。展覧会の前後には、中央朝鮮協会で「朝鮮古窯跡の研究により得られたる朝鮮窯業の過去及び将来」、日本工業倶楽部で「朝鮮古陶器の研究に就きて」と題する講演も行っています。

伯教は多芸多才の人でした。朝鮮陶磁史の研究者であると同時に、朝鮮陶磁器の蒐集家であり、陶芸家であり、彫刻家であり、画家であり、古書・古画蒐集家であり、茶人でした。そして、時には、詩人であり、歌人であり、俳人であり、随筆家であり、美術工芸評論家であり、装丁家でした。

伯教はかつて、李朝染付秋草文面取壺と青花辰砂蓮華文壺（→32頁）などの所

浅川伯教・巧の家族

有者でした。そして、尚薬局の銘がある薬盒の香炉の所蔵者でもありました。これについて、『朝鮮高麗陶磁考』の著者で薬学博士の中尾万三は、「世紀一三一〇年、即ち我国に在っては後醍醐天皇の御治世より以前、花園天皇の延慶三年以前のものたる事とは余をして垂涎万丈たらしめ、是非譲って呉れぬかと浅川君に頼んだが、何れ君に贈る事があっても今はイヤだと聞き容れて呉れぬ」と書いています。なお、この香炉は、現在、韓国国立中央博物館に寄贈されています。

中尾はまた、「朝鮮に行って、先づ訪いたきは浅川伯教君である。同君程、篤実に朝鮮の陶磁を調べて居る人は無い。(中略)庭に積まれた窯趾の破片、百済の石仏、廊下の古書と古画、手のつけようも無く見える」とも書いています。家にあった三つの物置は陶磁器でいっぱいであったといいます。

陶芸に手を染めたのは25年です。明川と会寧で作品を作っています。26年

からは高敞で朝鮮総督府の依頼により製陶の実験に従事しました。また、同年には、鎮南浦の実業家・富田儀作が設立した朝鮮窯業社の嘱託として在来窯の指導にもあたっています。

彫刻家として、伯教は朝鮮に題材を求めた作品を朝鮮美術展に出品しました。23年には「ハラボジ（朝鮮語で「おじいさん」）」と「小児三相」が、24年には「或美術家」が入選し、28年には「鈴木先生」が特選になっています。

また、絵画も同展で発表しています。23年には「残照」が、24年には「花と水滴」が入選し、26年には「李朝の焼物」が特選になっています。

伯教は、朝鮮古来の風俗画や民画にも関心を示しました。そして、申潤福について、「朝鮮人の自然の姿態を見つめた処から生まれた画で支那の模倣でなく全く朝鮮の感覚を描出した処前後にない朝鮮独歩の風俗画師だと思う」と評価しました。

貴重な古書や古画もたくさん集めていたようです。浜口良光の知る範囲で最も古い紙である高麗本戒律の書数冊を所蔵していましたし、李朝初期を代表する小説として名高い『太平閑話』順庵安鼎福旧蔵本を所蔵していました。

伯教の茶道理解のほどについては、安倍能成が、「柳〔宗悦〕君以上のもののあったことを疑わない」と評しています。

詩には、「壺」（『白樺』22年9月号）「石窟庵の宿り」（『朝鮮』23年3月号）などがあります。

短歌をおりにふれて作ったのは、母方の祖父・千野真道と山梨県師範学校時代の友人伊藤生更の影響です。その縁で、若山牧水が京城に来たときには、朝鮮民族美術館に案内し、城門に登って酒を酌み交わし、短歌を作りました。「秋雨の漏りの淋しき庵なれど　空も我がもの海も我がもの」という短歌が、91年、故郷の山梨県高根町に建てられた「浅川兄弟生誕の地」と題する石碑の裏面に刻まれています。

俳句についていえば、故郷・山梨県の浅川家の墓碑には、伯教作の「夜もすがら遠く思へば虫しぐれ」が刻まれています。

伯教は、「現在の日本の連句界では、私がトップだろう」と豪語していたそうです。

美術工芸に関する随筆や評論もよく書いています。「李朝白磁の壺」「朝鮮の美術工芸に関する回顧」「我国の工芸に及ぼしたる朝鮮工芸の影響」「農民工芸に就て」「工芸方面より観たる朝鮮」「木喰さんに就て二三」「富本憲吉氏の窯芸」「鮮展雑感」「土木建築に関する二、三」「朝鮮器物の模様に付て」などです。

本や雑誌の装丁もよくしています。京城帝国大学教授だった安倍能成の『青丘雑記』は、伯教の勧めによって、装布に朝鮮産の麻布を用い、見返しに朝鮮産の紙を用いています。壺などを描いた見返しの墨絵は伯教の筆です。

伯教の窯跡調査は、45年8月の日本の敗戦＝朝鮮の独立以後も続けられました。彼は、それまでの研究を続けるために、米軍政庁から特別の許可を得て、ほとんどの日本人が引き揚げたあとも朝鮮に残りました。彼が日本に引き揚げたのは46年11月3日でした。

引き揚げにあたっては、朝鮮民族美術館の所蔵品と私蔵の工芸品3,000余点・陶片30箱を新たに設立された民族博物

館に寄贈しました。それらの品々はその後、韓国国立中央博物館(→60頁)に受け継がれています。

　引き揚げ後の伯教は、56年に『李朝の陶磁』(私家版、座右宝刊行会)、60年に『李朝白磁・染付・鉄砂』(平凡社)を出版しています。

　64年1月14日、伯教は膿胸で死にました。80歳でした。日本民芸館は、『民芸』64年3月号を浅川伯教追悼号として発行し、その死を悼みました。安倍能成は「浅川伯教君のこと」の中で、「朝鮮陶磁に対する理解と親昵についても、三十数年朝鮮に住んであまねく窯跡を自分の足で遍歴し、又朝鮮の文献として李朝実録その他多くを読み、又親しく朝鮮人と交わり、朝鮮人の中に生活した為に朝鮮の文化を朝鮮人の生活や政治、朝鮮人の性格から体認して、その短所と共に長所を逸しない愛情を抱いて居た点では、伯教君は外に類を見ない存在であったと信ずる」と書きました。

　伯教は、『李朝陶磁譜』などの著書をもつ田中豊太郎によって、「この道では誰もが、神様だというほどに精通された第一人者であった」と評価され、東洋陶磁史家の小山富士夫によっても、「朝鮮古陶磁の神様といわれ、朝鮮陶磁に最もくわしかった人」と言われました。

　たしかに、伯教は、実に50年以上にわたって、日本と朝鮮、ときには中国にまで足をのばして朝鮮陶磁史の研究にいとまがありませんでした。とりわけ、22年から46年までの25年間には、朝鮮全土の700か所以上の窯跡を調査しました。

　その後、朝鮮が南北に分断され、朝鮮戦争や開発などによって窯跡が破壊されたことを考えるとき、伯教の残した調査記録は、朝鮮陶磁史研究において、空前絶後の貴重な業績と言うことができるでしょう。

　2001年7月には故郷の山梨県北杜市高根町に浅川伯教・巧兄弟資料館が設立されました。2005年には草風館から『回想の浅川兄弟』が刊行されました。

浅川　巧

　浅川巧は1891年、山梨県北杜市高根町五町田に生まれました。兄の伯教の6歳下の弟ということになります。父は農業兼紺屋でしたが、巧が生まれる前に亡くなりました。そこで、父方の祖父・小尾四友に育てられました。このおじいさんは俳人で、陶器作りなどもしていました。学歴は山梨県立農林学校卒業です。甲府のメソジスト教会で受洗しています。卒業後は大館で林業に従事します。

　日本が大韓帝国を併合した3年後の13年に伯教が朝鮮の小学校教師になって赴任しますと、翌年には巧も兄を追って朝鮮へ行きます。そして、朝鮮総督府農工商部山林課に就職しました。巧は、朝鮮語を学び朝鮮風に生活したということです。そのころ、伯教が柳宗悦を訪問し親しくなりますが、その縁で、伯教は陶芸家の富本憲吉やバーナード・リーチとも知り合います。

　15年には巧も伯教と一緒に柳宅を訪問しています。16年には同郷の浅川みつえと結婚、翌年には長女・園絵が生まれました。園絵は戦後、日本民芸館に勤務して柳を助けます。

　16年には、柳が朝鮮を旅行し、巧の家に泊まります。柳がそのとき朝鮮の民芸に開眼したことは前述のとおりです。

　巧は大学を出ていませんが、「チョウセンカラマツの養苗成功を報ず」や「朝鮮に於けるカタルパー、スペシオサの養苗及造林成績を報ず」を『大日本山林会報』に発表し、『朝鮮巨樹老樹名木誌』や『樹苗養成指針・第一号』を朝鮮総督

浅川巧

府の名で出版しました。そうしたことに見られるように、学究的でした。

　19年に朝鮮で三・一独立運動が始まりますと、巧の朝鮮人に対する同情心はいっそう深くなりました。朝鮮にいる日本人は朝鮮人の独立運動に恐怖心を持ちますが、巧は別でした。一方、柳は、三・一運動に際して「朝鮮人を想う」を発表し、理解を示しました。こうして、巧と柳はお互いに対する信頼感を強めました。巧は柳の朝鮮に関わる仕事を助けることにしました。

　20年5月、柳が朝鮮にやってきました。そして、伯教がもっていた染付辰砂蓮華文壺を見て朝鮮民族美術館建設を発願しました。12月に巧が柳を我孫子に訪ねたとき、朝鮮民族美術館建設運動が

始まりました。

　柳は翌年1月、6月にも朝鮮を訪れ、朝鮮民族美術館のために作品を収集しました。もちろん巧も一緒でした。

　21年、巧は妻のみつえを病気で亡くしました。そして、その翌年、職場である林業試験場（現在は韓国林業研究院と名を変えています）が清涼里に移転すると、巧も清涼里に移りました。それを記念して巧が植えた赤松が今も研究院の中庭に枝を広げています（→59頁）。

　妻を亡くしたためでしょうか。この年、巧は日記を書いています（『浅川巧日記と書簡』草風館）。そこには、砂防植栽の試験調査の方法をめぐる場長との対立、窯跡の調査、骨董屋への支払い、朝鮮人との濃やかな交流などが書かれています。朝鮮神宮を建立することに対する批判、光化門の破壊についての予測、王子製紙の朝鮮進出が木材の乱伐につながることへの危惧、23年9月の日記には関東大震災時に起きた朝鮮人虐殺事件に対する批判なども書かれています。

　巧が朝鮮民芸について初めて書いた論文は、『白樺』22年9月号の李朝陶磁特集に寄せた「窯跡めぐりの一日」です。巧は、同月に、柳・伯教・赤羽王郎・小田内通敏・今和次郎らと分院の窯跡（→63頁）を調査して、後に「分院窯跡考」を書いています。実地調査と文献調査に基づいて体系的にまとめる能力の持ち主でした。

　23年9月には柳らとともに李朝陶磁器展覧会を開催し、巧は「朝鮮人が用ふる陶磁器の上の名称」を解説として書きました。そのとき京城に来た富本憲吉は巧宅に滞在しました。この頃、巧は随筆「朝鮮小女」や創作「祟」を執筆しています。

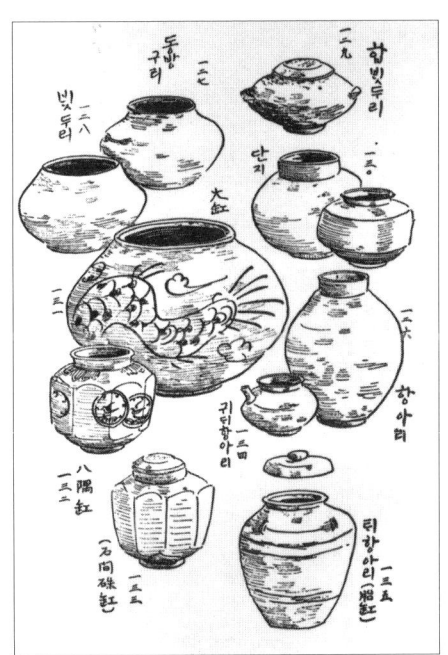

『朝鮮陶磁名考』の挿絵

　24年1月、巧は柳を故郷・山梨への旅に誘います。浅川兄弟の友人・小宮山清三の家に朝鮮の陶磁器を見に行ったとき、そこで柳が発見したのが木喰仏です。

　巧の林業上での大きな業績である露天埋蔵法の発見もこの年のことでした。

　4月には、待望の朝鮮民族美術館（→8頁）が開館されました。

　同年の暮れから翌年の正月にかけて、巧は伯教らと連れ立って、鶏龍山・三島（韓国では粉青沙器と言っています）の窯跡がある鶏龍山（→77頁）と青磁の窯跡がある康津（→84頁）などを踏査しました。

　25年3月には、「萩の種類」を『朝鮮山林会報』に発表して、萩の植栽が砂防に役立つことを明らかにしました。4月には、朝鮮民族美術館で木喰仏写真展を開催し、あわせて発掘陶片も展示しまし

た。5月には「窯跡めぐりの旅を終えて」を『アトリエ』に発表するなど、前年に続けて充実した1年を送りました。

7月には、柳夫妻・河井寛次郎らと丹波の木喰仏を調査しました。そして、河井の妻の従姉妹・大北咲と再婚する話がまとまりました。

26年頃に書かれ、死後『工芸』(31年7月号)に発表された「朝鮮窯業振興に関する意見」は、巧が窯業を趣味としてではなく、今現在の殖産興業としても考えていたことを示しています。

27年7月、「禿山の利用問題に就いて」を『朝鮮山林会報』に発表します。朝鮮が禿山であることを嘆かないで、禿山には禿山に合う木を植えよ、と巧は主張したのです。また、4月に伯教と分院窯跡を再訪して調査した結果を「分院窯跡考」としてまとめ、『大調和』に発表しました。

28年頃、巧が幹事役を引き受けて「朝鮮趣味を語る会」(後に朝鮮工芸会と名を変えました)を設立しました。気の合う仲間が集まって朝鮮の踊りを見たり、食べ物を食べたりと文化を楽しむ会でした。8月には伯教とともに、朝鮮を訪問した柳宗悦とラングトン・ウォーナー夫妻を鶏龍山の窯跡(→78頁)に案内しています。

29年3月に巧は『朝鮮の膳』を出版しました。今でも類書が少ないため、韓国で翻訳されているほどの本です。11月には倉橋藤治郎らと釜山の窯跡を調査しています。

30年2月には、「朝鮮の棚と箪笥類に就いて」を『帝国工芸』に発表しています。

31年3月、巧は肺炎で臥床し、4月2日に亡くなりました。京城帝国大学の教授で巧をよく知っていた安倍能成は「浅川巧さんを惜しむ」を『京城日報』に発表しました。この追悼文は34年に「人間の価値」と改題されて中等学校の国語の教科書に掲載されています。

柳は、巧の遺稿「朝鮮茶碗」を『工芸』5月号に発表し、「編者付記」「編輯余録」を書いて巧を追悼しました。9月には巧の遺著『朝鮮陶磁名考』も出版しています。洪淳赫が「浅川巧著『朝鮮の膳』を読んで」と題する事実上の追悼文を民族紙である『東亜日報』に発表したのは異例のことでした。林業関係の遺稿「主要樹苗ニ対スル肥料三要素試験」は『林業試験場報告』として出版されています。

翌年4月、柳らは浅川巧氏一周年記念講演会を開催しました。柳夫人・兼子は音楽会を開いて、その収益金を巧の墓碑を建てるために寄付しました。墓碑は、

白磁をもつ浅川巧

巧の愛した李朝青花窓絵草花文面取壺（→31頁。大阪市立東洋陶磁美術館にあります。「巧の面取壺」とその「兄弟壺」をめぐるエピソードについては、『芸術新潮』1997年5月号の50〜52頁を参照してください）を伯教がデザインしました。これは今もソウル郊外の忘憂里墓地に立っています。

巧の埋葬に駆けつけた朝鮮人

三周忌には『工芸』4月号が「浅川巧記念号」として出版されました。この号には巧の遺稿「金海」「朝鮮の漬物」が発表されました。兄の伯教は「彼の故郷とその祖父」、義弟の浅川浪玗洞（政歳）は「亡き巧君のこと」、朝鮮工芸会の仲間であった浜口良光は「巧さんと私」、土井浜一は「巧さんと尼さん」を書きました。林業関係で巧と親しかった中井猛之進は「浅川巧君へ」、赤羽王郎の教え子・崔福鉉は「浅川先生の想出」を書いています。柳の「浅川のこと」は、巧が人間として素晴らしかったこと、自然と工芸を愛したこと、宗教心が篤かったこと、朝鮮人を愛し、朝鮮人に愛されたことを書いています。

37年4月には7回忌が行われました。42年7月には巧の墓地があった里門里に道路が通ることになり、遺骸は忘憂里に移葬されました。

45年8月、日本は戦争に敗れ、朝鮮は独立しました。妻の咲と娘の園絵は帰国し、日本民芸館で柳を助けて働くことになりました。忘憂里の墓は荒れるに任されました。

64年、巧の遺徳を知る韓国林業試験場の人々によって巧の墓が修復されました。66年には、韓国林業試験場職員一同の名で「浅川巧功徳之墓」が建立されています。

ソウルに眠る浅川巧のことは、民芸関係者によってときどき回想されました。68年9月には李完錫が「ソウル西郊に眠る浅川巧さんの墓」を『民芸』に発表していますし、74年9月には外村吉之介が「朝鮮の膳と浅川巧氏」を『民芸』に発表しています。

しかし、76年に妻の咲が、後を追うようにして娘の園絵が死ぬと、巧の名は忘れられるようになりました。

そうした時に浅川巧の存在を広く蘇らせたのは、蝦名則の編集による『浅川巧著作集』（八潮書店）の発行でした。この時に私は「解説」を書き、それをもとにして、82年に『朝鮮の土となった日本人——浅川巧の生涯』（草風館）を書きました。

84年には、韓国林業試験場の有志が巧の記念碑を新たに建立しました。86年には、詩人の茨木のり子さんが『ハングルへの旅』（朝日新聞社）を出版して、

ソウル郊外の忘憂里にある巧の墓

巧の墓についても言及しました。

地元・山梨では、85年に浅川巧研究会が発足し、87年に山梨放送テレビが「木履の人──韓国の土となった甲州人」を放映しました。そして、88年には山梨県立美術館が浅川伯教資料展を開催しました。また、それに合わせて、山梨日日新聞社が浅川巧の生涯を描いた中村高志『木履の人──浅川伯教・巧兄弟』を出版しました。

91年には高根町が生誕の地に石碑を建立しています。92年には高根町長が韓国を訪問し、高根町の人・手塚洋一さんが「浅川巧」を『郷土史に輝く人々』に発表しました。

そして、高根町にある萌木の村博物館は「李朝とその周辺展──浅川兄弟の愛した韓国・朝鮮の美」を開催しました。

94年には、甲府出身の作家・江宮隆之（本名・中村高志）さんが巧の生涯を小説にして『白磁の人』（河出書房新社）を出版しました。この本は韓国でも翻訳出版されました。

ソウルの日本人有志と韓国人有志で結成した「浅川巧先生を想う会」は、95年から浅川巧の命日前後を選んで墓参りを始めました。中心になっているのは、ロッテ1番街で陶磁器の店「陶遊」を経営する鄭好蓮さんです。彼女は浅川伯教の弟子にあたる池順鐸の所にいた人で、浅川巧をおじいさんのように慕っています。

96年、これまで浅川巧の日記を秘蔵してきた韓国の金成鎮さんが巧の故郷・高根町に浅川巧の日記を寄贈しました。これを契機として同町には「浅川伯教・巧兄弟を偲ぶ会」が結成され、『会報』が発行されることになりました。そして、浅川伯教・巧兄弟資料蒐集委員会が発足して、浅川伯教・巧兄弟記念資料館の設立計画が動きだしました。そして2001年に開館しました。また、浅川巧日記などを収録した『浅川巧全集』が草風館から出版されました。

一方、韓国では、同年に巧の著書『朝鮮の膳・朝鮮陶磁名考』が翻訳されました。また、拙著『朝鮮の土となった日本人』も翻訳出版されました。それを記念して、韓国の民学会は浅川巧についてのセミナーを主催しました。金ヨンボクさんが「浅川巧のほんとうの朝鮮愛」を『セミ　キップン　ムル』10月号に発表し、韓国から日本の東京大学大学院に留学していた李秉鎮さんが「大正時代のある対話精神」を『比較文学文化論集』10月号に発表したのもこの年でした。

97年5月、『芸術新潮』が浅川兄弟を特集しました。これは、同年9月号の韓国の『月刊美術』に一部、翻案されま

した。7月には、高根町と韓国林業研究院のОB会である洪林会の手で浅川巧の墓域が整備されました。

この年から旅行社のジャパンコムツーリストが韓国に残る浅川巧の足跡を訪ねるツアーを実施しはじめました。この旅は現在も続いているようです。

11月には高根町と洪林会が中心となって、ソウルで浅川巧公日韓合同追慕祭が開催されました。浅川巧は今も日韓をかける橋になっています。12月にはNHK教育テレビが「新日曜美術館」という番組で浅川巧について放映しました。浅川巧の名は今では広く知られるようになりました。

98年5月、私はその後発掘された資料や新しい研究を取り入れて、『増補新版・朝鮮の土となった日本人』(草風館)を出版しました。また、日本民芸館の元職員である田中雍子さんは「李朝の美を愛して——浅川伯教・巧兄弟と柳宗悦」を『李朝を楽しむ』(平凡社)に、「李朝工芸と日本人を結んだ人——浅川伯教と巧、柳宗悦」を『李朝入門』(文化出版局)に発表しました。文芸評論家の北村巌さんも「浅川巧論ノート」を『新日本文学』9月号に発表しています。作家の中沢けいさんが「浅川巧の眼」を『月刊百科』10月号に発表したのも、この年のことです。

同年10月、韓国で「韓国人になりたかった日本人」と題して浅川巧を取り上げたテレビ番組が放映されました。これは日本のTBSが11月に放映した「韓国人になりたかった日本人」をいち早く放映したものでした。

99年5月10日、韓国の新聞『朝鮮日報』は一面全部を使ってソウル大学教授で画家でもある金炳宗の「韓国人の芸術魂に生きた日本人」を掲載しました。もちろん浅川巧のことを書いたものです。

2000年3月には、甲府を拠点にした劇団コメディ・オブ・イエスタディが「美しい朝の国」を公演しました。また、4月には延べ数十人がさみだれ式にソウルの巧の墓を訪れ、70回忌を行いました。

浅川巧に対する評価は年々高まっていると言えるでしょう。金巴望「韓国の陶磁文化を支えた人」(『韓国文化』2000年8月号)における巧に対する高い評価は、その一例にすぎません。

2003年には韓国の高校教科書『韓国近現代史』(6種類あるうちの1冊)に浅川巧と柳宗悦が1頁を費やして紹介されました。また、浅川巧『朝鮮民芸論集』が岩波文庫に収められました。2004年に中学生・椙村彩さんが『日韓交流のさきがけ–浅川巧』(揺籃社)を出版したのも、巧に対する関心の幅を広げるものでした。

巧に対する関心の高まりは韓国の学界にも及んでいます。高崎は2005年に、韓国美学会が中心になって開いた国際シンポジウムで「柳宗悦と浅川巧の韓国美学」を、韓国民族運動史学会が開いた国際シンポジウムで「韓国の土になった浅川巧」を発表することを要請されました。また、近々、『朝鮮の土となった日本人–浅川巧の生涯』が韓国で再び翻訳される計画が進んでいます。

なお、この間、草風館は、『浅川巧–日記と書簡』、浅川巧『朝鮮陶磁名考』、高崎宗司ほか編『回想の浅川兄弟』を出版しています。

韓国の山と民芸に帰依した日本人がいた

浜　美枝

　3日間スケジュールがあいたら、どうします？　主婦である私は、あれこれ家の中を片付けたり、ご無沙汰している方にお手紙を書いたり、家の中に山ほど片付けたいことがあるのです。が、にもかかわらず、やっぱり「旅」に出ることにしました。片付け物は後でもいいわ。今、この季節を逃しては……そして旅立ってしまったのです。

　寒いからハワイ？　いいえ、寒いからこそもっと寒い韓国へ行ってまいりました。どうしても見たい所があったのと、今、自分はその地に導かれていると、確信に近い思いがあって、マイナス8度の韓国に行ってまいりました。マイナス8度とは息も凍る寒さなのですが、町で1回ご飯を食べると、俄然、体感温度が違ってきます。キムチパワーが威力を発揮するのです。厳寒の町を元気に歩く人々、市場の賑わいを見るにつけ、韓国の力強さを確信した旅でした。空気は完全に凍っているのに、人間は湯気を立てんばかりに生きている。そんな韓国で私は元気をもらってきたのです。

　さて今度の旅の目的は、韓国の山と民芸に身を捧げた日本人・浅川巧の足跡をわずかでもたどってみたかったのです。日本と韓国の民芸の源流に立つ浅川巧という人については、お話で聞いたり、本で読んだりはしていましたが、津田塾大学の高崎宗司先生のご著者『朝鮮の土になった日本人』を読ませていただいて、浅川巧の偉業を知ることができたのです。

　このご本は、民芸ばかりか、人はどう生きるべきかをも知らされる本として、素晴らしい内容です。草風館という出版社から出ています。

　私はこの1冊を何十回となく読み、今度、韓国へ行ったらぜひ浅川巧のお墓参りをしようと心に決めていたのです。そんな思いで訪ねた韓国3日間の旅でした。そして、そのお墓に向かいました。冬の韓国の空気は痛いほど寒いのですが、私には清冽なその冷たさがいっそ心地よく、これからお会いする「眠れる人・浅川巧」への敬愛の念でいっぱいでした。

　浅川巧の足跡をご紹介しましょう。1891年（明治24年生まれ）山梨県北巨摩郡に農業兼紺屋の次男として生まれました。現在は高根町というあたりです。土地はよく肥えていて、よい米がとれ、100戸ばかりの集落は質朴、勤勉であった。と本に書かれています。その集落あたりは江戸時代から村人が学問や俳句、和歌などに親しみながら穏やかに暮らしていたようです。

　浅川巧の人柄を推察できる逸話を、こ

2001年に取り壊された浅川巧の住んだ家

の本の中にみつけました。巧の祖父の逸話として、こんなお話がありました。お爺さまは「謝礼の中身を改める気持ちを嫌った人」だったそうです。そこのところが、孫にあたる巧にそっくり受け継がれていたと、書かれていました。つまり、浅川巧という人の中に、「何か事を処すとき、それはそれ自身の為になることで、その他の目的のためや、報酬のためになされることではない」といった身綺麗なその気質が、のちの巧の偉業にまでつながっていくのです。

　そのような気質に加えて、母方からは真面目で厳格な気風が巧に受け継がれました。茶道をよくし、当時、朝鮮に渡った折りに茶わんや茶杓、香盆などを大切にされた、そんな母方の美意識も巧には伝わっていたのでしょう。

　また、兄・伯教も巧にとって偉大な教師でした。兄は朝鮮の美術工芸の研究のために朝鮮に渡りました。当時、美術研究のために朝鮮に渡ったのはめずらしかった時代です。

　弟・浅川巧は、1914年に朝鮮に渡っています。韓国併合から4年。日本人は、新しい植民地、朝鮮に続々、渡りました。浅川巧は、朝鮮総督府農商工部山林課に配属され、もっぱら樹木の育成に励みました。巧は何はさておいても朝鮮語の訓練に日夜励みました。朝鮮服を愛用し、朝鮮の食べ物を楽しんでいたようです。

　さて、ここまでお話をして、お分りのように、私が今回、韓国に旅をしたのは、かつて、この地で、韓国の山と民芸を愛し、韓国人の心の中に生き続けている日本人がいたということ。その足跡を訪ねたくて厳寒の彼の地を訪ねたのです。浅川巧のお墓が、ソウル郊外の忘憂里の丘

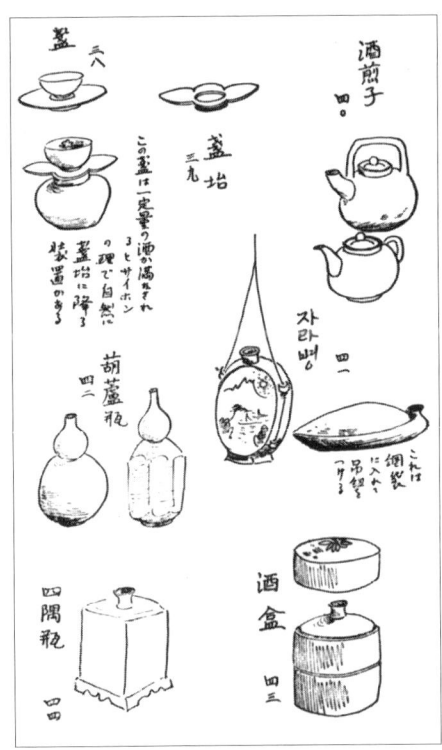

浅川巧著『朝鮮陶磁名考』の挿絵

にあると聞いて、早速、お墓参り（→22頁）に行きました。浅川巧が勤めていた林業研究院（→59頁）の庭には、浅川巧が自ら手植えした赤松が悠々と枝を広げておりました。

　樹齢110年とのこと。さらに、巧の住んだ家（左頁）まで案内していただきました。

　浅川巧が住んでいた家は欅の木に守られておりました。案内をしてくれた韓さんは、また、浅川巧の墓をお守りしてくださる方で、お話を伺いました。

「私は浅川巧とは会っていませんが、彼がいかに朝鮮を愛し、朝鮮人ばかりか、朝鮮の美術、言葉、生活、文化のあらゆることを大切にした人だったということ

は、皆んな知っています。いろいろなお話を大人から聞いているからです。たとえば、韓国では人が亡くなったとき三角形のお煎餅を配る習慣があります。浅川巧が亡くなった日、大勢の方々が見送り来てくださった為に、ソウル中の煎餅が、すっかり無くなった、というお話は未だに語り草です」

お墓を守っていてくださる韓さんは、この話をお父さんから聞いたそうですよ。それほど、朝鮮の人々に敬愛された日本人がいたことを、私は書物で知って以来、ずっと気になっておりました。今回、3日間の旅で、とにかくお墓参りだけでも行ってこようと、でかけたわけですが、幸いお墓を守ってくださる韓さんにお会いできただけでもラッキーでした。

高崎宗司先生の著作『朝鮮の土となった日本人』（草風館）は、私たちの歴史観に新鮮な風を入れてくれます。

朝鮮白磁の美しさを目にして、まあ、キレイというのは簡単ですが、その美しさに秘められたものを辿っていくと、そこに関わった人間が現われてくるのです。「浅川巧」はそうして私の前に立ちはだかりました。そしてもっと、知りたいと思うようになりました。私の信じることに、よい人が創るものが美しい、といった簡単なセオリーがあります。その反対に卑しい考えで創られたものは卑しい。ごく、単純ですが私は自分の考えの尺度としてそういった視点を持っています。

浅川巧は、よき家族のもとで、美の薫陶をうけさらにそれを育てる心を持ち、豊かさを貯え、彼の地に樹木を土壌をもたらし、ついに自分自身が朝鮮の土になるまで彼の地につくしたことを、実感できました。

零下8度の韓国でしたが、浅川巧を思い、いえ、恋したような3日間の旅でした。

第2章　韓国の民芸

　「韓国の民芸」と聞いて、皆さんは何を思い浮かべるでしょうか。
　陶磁器・木工品などが代表的な答えでしょうか。
　ちなみに、柳宗悦の朝鮮関係の本の題は『朝鮮とその芸術』、浅川伯教のそれは『釜山窯と対州窯』『李朝の陶磁』、浅川巧のそれは『朝鮮の膳』『朝鮮陶磁名考』でした。
　そこで、今回は、陶磁史研究家の片山まびさんに朝鮮時代の陶磁史について、漆工芸家の洪東和さんに膳と漆について書いてもらいました。

朝鮮時代の陶磁器

片山　まび

　最近、英・独など各地で韓国美術展が開催され、西洋各国はちょっとした韓国美術ブームです。なかでも朝鮮時代にはぐくまれた陶磁器は高い評価を得ており、時間と空間を越えて人を魅了する力をもっているのでしょう。以下、その歴史と魅力を簡略ながら紹介してみることとします。

（1）粉青

　粉青（ふんせい）とは、古来、日本でいう「三島（みしま）」のことです。韓国美術史研究の基礎を築いた高裕燮氏が「粉粧灰青器」との名称を提唱されて以来、今日ではその略称である粉青沙器、粉青が広く用いられています。粉青というと、高麗青磁とまったく違うもののようですが、胎土や釉薬については高麗末の青磁と大きな差はありません。高麗の14世紀中葉頃、青味を帯びる青磁は姿を消し、褐色を帯びる青磁が顕著となります。これは釉薬に含まれる鉄分が減少して透明な釉薬となり、土そのものの色が透けてみえるため、褐色の青磁という矛盾した結果となったものですが、粉青の釉胎はこれと基本的に同一です。ただしそこにほどこされた装飾は典型的な高麗青磁のそれとは大きく異なります。すなわち粉青の装飾とは、高麗青磁の主たる装飾技法であった象嵌技法が、徐々に筆で文様をあらわすものへと変わり、白土装飾によって色調が褐色から白色へと変わっていく過程ととらえることができます。大きくみれば、青磁から白磁への長い葛藤段階ともいえます。

　14世紀末頃には、スタンプにより、円や波線など記号風の文様をほどこす新しい形式の象嵌青磁が流行します。このスタンプ技法を印花（いんか）と称しますが、新しい装飾の流行のいっぽうで、1420年頃までは線象嵌による高麗時代以来の文様モチーフも存続し、王朝自体は交代しても、やきものの世界ではこの頃まで高麗青磁の余韻がつづいていたといえます。

　1420年代をすぎると、陶磁器にも新しく中央官庁による統制が加わり、新王朝にふさわしく清新な装いとなります。印花は小さな菊花形など細かな文様の集合体となり、器面を白く飾る端正な形式が確立します。俗に暦手、現在は印花粉青と呼ばれるこの一群には長興庫などの中央官庁の銘が刻まれる例が多くみられます。

　いっぽうで、面象嵌や掻落（かきおとし）もこの頃流行をみせる技法です。面象嵌とは、広い面積を掻きおとした後に白土をうめるものです。この技法は高麗青磁にもありますが、粉青の面象嵌は細部表現を省略し、大胆でユニークな文様をあらわします。掻落とは地に白土を塗ったのち、文様の背景となる部分の白土をなどで取り除くものです。文様は面象嵌と同じく白く浮き上がりますが、繊細な印象をあたえます。この技法は象嵌のように土を彫って装飾する技法ではなく、掻き落とすという点で筆で文様を描く感覚に近く、象嵌から一歩すすんだ装飾技法といえます。以上のように初期の粉青は高麗青磁の伝統的な文様や技法から脱しつつ、端正で

粉青鉄絵蓮池鳥魚文俵壺（図1）

新王朝にふさわしい様式を確立していきます。

　1460年代に京畿道広州に御器（王の器）や官庁の器を専門に焼造する官窯が設置されますと、白磁が陶磁器の主役となります。粉青は統制をときはなたれ、自由かつ大胆に変化をとげるようになります。印花はしだいに刷毛で白土を簡略に塗る刷毛目となります。面象嵌はさらに白さを増し、搔落は線刻と呼ばれる篦などで文様をきざむものとなります。またこの頃から、忠清南道公州郡鶏龍山山麓を中心に、鉄絵具で自由奔放に文様を描く鉄絵粉青が登場してまいります。（図1）ここに彫る装飾技法である象嵌、褐色の地のやきものは衰退し、描く装飾技法と白い地のやきものが成立することとなります。文様にも破格の美があふれ、端正さは息をひそめていきます。

　粉青の最末期を飾るものは、16世紀中葉頃に顕著となる粉引です。粉引とは、白土液に器を浸して全体を白くするものであり、粉を引いたようであることから、日本では粉引・粉吹と呼ばれています。この頃、白磁へのあこがれが強まったことをうけ、粉引は白磁の代用を果たしました。しかし、逆に白化粧はともすれば粗放な粉青の造形を洗練の域まで昇華させ、ともすると白磁よりも高い次元の造形感覚を示しています。16世紀末頃には粉引も白磁にその席をあけわたし、粉青はここに終焉を迎えます。

(2) 15～16世紀の白磁

　白磁は、韓国では青磁とほぼ同じ頃に誕生しました。しかし白磁は高麗時代を通じて青磁の脇役に過ぎず、独自の様式を確立するには至りませんでした。ところが中国の元朝で白磁が珍重されるにいたり、14世紀末頃から徐々に白磁の生産量が増えていきました。朝鮮王朝の太祖・李成桂が金剛山に奉った容器はくしくも白磁であり、新しい時代の為政者が白磁を重んじたことを象徴しています。こうして白磁への傾倒がすすみ、世宗年間には御器を白磁とするというほどになったわけです。その後、世祖年間には王権強化が強く押し進められ、朝鮮王朝の諸制度が整えられましたが、その一環として1460年代頃、京畿道広州に官窯が設置されるにいたりました。官窯とは王家や宮中行事、あるいは官庁用の器を焼く窯のことで、朝鮮王朝では司甕院の分院と呼ばれました。

　分院の中心は王家の器である良質の白磁でしたが、コバルト顔料で文様を描き、青い文様を描く青花（染付）も王の器として重要な製品でした。王家は明からの貴重な輸入品であった青花の顔料を用い、独自の青花の開発を試みるべく、画員（宮廷画家）に青花の文様を描くことを命じました。その結果、画幅を器面にそのまま展開したような構図と、雅趣あふれる独自の青花を生み出しました。

同時に朝鮮青花は、空間の処理という純粋芸術の抱える課題を内包することとなり、中国青花とは異なる造形への一歩を踏み出しました。

16世紀前半頃まで分院の運営は良好でしたが、中葉頃から衰退していきます。このころ活発な動きを見せるのは地方窯でした。前述のように地方でも白磁へのあこがれが高まり、粉引が登場しました。一部の窯では白化粧を用いない粉青によって白磁の鉢や皿をうつしたものを焼きました。いくつかの窯では軟質の白磁を焼くことに成功し、16世紀末頃には、硬質の白磁の焼成も広まります。こうした粉青から白磁への過渡期で生まれたやきものこそ、日本にもたらされ、いわゆる「高麗茶碗」として珍重されたものでした。これらは破格の造形力を魅力とし、それが新しい美を求める日本の茶人の心に強く訴えたのでしょう。

(3) 17～18世紀前半の白磁

16世紀末からの度重なる戦乱により、対外関係が悪化しますと、朝鮮文化はさらに内なる美の探求をおしすすめていくようになります。17世紀には、中国との関係悪化によって青花の顔料が不足し、入手しやすい鉄絵具で文様を描く鉄砂が流行をみせはじめます。中頃には、灰色を帯びた白磁のうえに、鉄砂によって竹や龍を描くものが登場するようになります。これらの文様には風雅かつ大胆な破格の美がみられます。空間処理においても、従属文をはぶき、主たるモチーフをクローズアップして描くという手法をとり、器という閉じられた空間から、その周囲の空間への広がりという新たな

鉄砂虎鷺文壺（図2）

造形を見出そうという試みがみられます。

後半には、経済的な発展をうけ、各地に窯が築かれました。地方窯では簡略な文様をほどこす鉄砂が多量につくられましたが、一部の窯では官窯におとらず優れた文様を描き、虎文など朝鮮王朝に独自なモチーフも顕著となっていきます。（図2）末頃には、韓国では「タル・ハンアリ（月壺）」と呼ばれる口径と高さが一対一をなす壺が登場します。この期の壺には、別途につくった上下の接合部に歪みが多く生じました。一見して稚拙にみえるかもしれませんが、そこから発せられる無限の造形の広がりは、あくことのない美的感動を与えてやみません。実際に志賀直哉をはじめ、多くの日本の知識人たちがこの期の壺に魅了されました。

18世紀前半になると、分院は金沙里に移ります。くしくも時代は朝鮮文化の黄金期にあたる英宗の治世でした。この王は自ら陶磁器のデザインを手がけるほ

ど陶磁器生産を保護しました。また清朝との関係も良好となり、青花の顔料も徐々に量を増していきます。こうした好条件が重なり、白磁の色は乳白色をとりもどしていきます。この頃、端雅な草花文を描く青花の一群が登場します。これは俗に「秋草手」と呼ばれますが、前代のように画幅を展開したような構図ではなく、枠によって文様の枠をつくり、周囲にたっぷりとした余白を設けています。無限の空間性の付与という課題は、青花でも達成されたことになります。(図3)のように表面を削って多面体をつくる面取りもこの頃から盛んとなり、造形に鋭味をあたえています。タル・ハンアリにもいえることでありますが、ゆがんだ壺が逆に緊張感をはらんでみえる要因には、面取技法はもちろん、底や口縁の鋭味のある造形によるところが大きいのです。

青花とは反対に鉄砂は急速に衰退しますが、一部の窯で銅を呈色材とした顔料によって文様を描く辰砂がつくられました。虎や蓮花をクローズアップして描き

青花窓絵草花文面取壺 (図3)

ますが、やはりそこにはよけいな装飾はいっさいなく、空間の重視と造形のいさぎよさをうかがうことができます。

(4) 18世紀後半〜19世紀前半の白磁

分院は設立当初から17世紀を通じて燃料保持のため、樹木を追って約10年ごとに移動をつづけていました。しかしさまざまな弊害を生み、幾度となく分院固定論が提唱されていましたが、ついに1752年、現在の京畿道広州郡分院里に定着するにいたりました。この時代は英宗につづいて朝鮮文化の黄金期を築いた正祖の治世にあたり、安定した環境のもと、陶磁器も爛熟期をむかえることになります。18世紀後半には、前代にひきつづき、中央を空けて厳選された文様モチーフを上下、左右などに配し、広い空間性を強調した表現が好まれました。青花はもちろん、辰砂や鉄砂を同時にもちいる手法も発展をとげ、大阪市立東洋陶磁美術館所蔵の蓮花文壺は、技法、表現とも当期を代表する作例です。(図4)

ところで、本例は多彩を用いますが、釉薬の上に色彩をほどこす色絵ではありません。進歩的な北学派の儒者たちは、当時さかんに清朝や伊万里の色絵を賞賛し、その生産をときましたが、ついに朝鮮王朝で色絵がつくられることはありませんでした。これは技術的な問題というよりも、質実を重んじた朝鮮王家にとって、建前では非実用的で工程の煩雑な色絵は忌避するものでしかなかったためと見られ、韓国陶磁史の特色のひとつともなっています。

こうした清朝や伊万里へのあこがれ

青花辰砂蓮華文壺（図4）

にとって、この打撃は大きく、さらには安価で良質の日本製磁器が市場に入り込み、19世紀末頃には風前の灯火の状態となりました。1910年以後の日本植民地支配のなかで、高麗青磁の再興をかかげた工芸政策が展開し、韓国独自の美意識にねざした白磁の新たな造形への試みはひとたび葬りさられることとなりました。

（図1～4）大阪市立東洋陶磁博物館蔵

は、19世紀前半に深く浸透していき、その造形の方向性は大きく変化をとげることとなりました。そうじてこの時期には細かな文様で器面を埋め尽くし、前代の豊かな空間性は消え去っていきます。これは基本的な装飾原理を清朝や伊万里にならったためです。いっぽうで十長生文など土俗的なモチーフも顕著となり、生活自体が豊かになったことを受け、文房具や飯床器など器の種類も豊かとなりました。いわば朝鮮陶磁はここに爛熟期をむかえます。しかし、依然として色絵など新しい技法の開発が禁じられ、造形面でも同じパターンを繰り返すマンネリズムの傾向が強まりました。さらに分院の制度矛盾も露呈し、中葉以後、衰退の一途をたどり、1883年にはついに分院は民営化されるにいたりました。もともと分院の支配力が絶大であった朝鮮窯業

膳の知恵

洪東和（高崎宗司訳）

(1) はじめに

朝鮮では、膳を小盤と床に大別しています。小盤は文字通り小さな盤という意味です。小さな板で作った物を小盤といい、大きな板で作った物を床といいます。床は盤よりも大きな物をいい、床より小さな物を盤というのです。盤は大中小に分けられますが、そのうちの小さな盤のみを小盤といい、中盤以上の場合を床ということもあります。

小盤は、オンドル文化とともに発展してきたもので、そうとう昔から使用されてきました。

(2) 便利性

現代生活において、交通手段は人間の血の流れのようにきわめて重要な役割を果たしています。どこに行くにも、昔はほとんど歩いていったのですが、今は公共交通機関や自家用車を利用するなど、いろいろな手段が発達しています。近場へ行くにも、雨が降ったり、荷物があれば、バスよりもタクシーや自家用車などを利用しています。その便利さは説明するまでもありません。すべての人が自家用車の便利さを一度でも味わってしまったら、死ぬまでその便利さから抜け出すことはできません。バスに乗ろうとすれば、停留所まで行かなければなりません

浅川巧著『朝鮮の膳』の挿し絵

し、自分の思いどおりになりません（距離、場所）。また、共同で使用しなければならないからです。

私たちが今、主として使っているテーブルは、バスのように、食事をしたり、文章を書いたりするときに、必ずテーブルがあるところに行かなければなりません。自分が望む所に動かしたくても、面倒くさいし、自分一人で使うわけにもいかず、家族や友人と一緒に使わなければなりません。

膳は、自家用車のように、自分のいる所へ持ってくることができます。部屋にでも、板の間にでも、庭にでも、簡単に移動することができます。つまり、人が動くのではなくて、膳が人のいる所へ動いてくるのです。

膳は一人で利用することができますし、いろいろな膳を合わせて大勢で使用することもできます。テーブルのような役割も果たせるのです。韓国のことわざに、「(二人以上の床)ではおいしい御馳走が残ることがあっても、小盤では残らない」と言います。自分の膳の上のものは、自分の思いどおりに食べることができます。しかし、多くの家族とともに食事をするときや、おいしい物、珍しい食べ物を食べるときは互いに神経を使います。

韓国では、正月に年賀に行くと、子供たちにも独床を出してくれる家がありますが、そのうれしさは大人になっても忘れることができません。膳に並べられた茶と砂糖菓子は、全部一人で飲み食べることができますし、残れば包んで家に持ちかえることができます。まさに、膳は自由で便利な物の代名詞でした。

(3) 用度性

膳は、昔も今も、いろいろな方面で利用されます。昔は、飲食用の飯床、茶床、酒床、文章を書く冊床、蘭などの花を置く花盆台、装飾品の台、祝事のときの台、飲食物を運搬する時の盆の役割等々、いろいろに使用してきましたし、現在も使われています。

現代の生活の中で、膳の用途をどのように考えていくかは、今を生きるすべての人の課題でしょう。

(4) 装飾性

膳の造型は、すべての人が感じるように、とても簡単な盤と足などで構成されています。必要なものがすべて備えられた、非常に発達した、完璧に造型されたものです。厚くも薄くもなく、そしてその下にすらりとした足を若干広げて立っている安定感。虎・犬・雲・水等々、いろいろな自然の曲線を利用した足の造型。そして、天盤と足の間に美しい雲の彫刻をした雲板は、脚と板の力学的(堅固性)な役割を果しています。

ところで、そこになぜ雲の模様を彫刻したのでしょうか。それは、韓国人が一番に追求する究極の目標である神仙思想がひそんでいるからです。雲の上は、まさにこの世の人々が望む仙人の世です。仙人になれなくても、仙人のような気分を味わいたい心の現れなのです。

また、膳は頻繁に動かさなければなら

『朝鮮の膳』挿し絵

ないので、軽くなければなりません。漆匠達の間では、膳は小指で持ち上げられる重さのものが良いとされています。

(5) 種類

形態と地方性によって、いろいろな種類があります。

①膳の種類を足の形で分ければ、
虎足盤（写真1）
狗足盤（写真2）
風穴盤（写真3）
一柱盤（写真4）

②用度面からは、
公故床　主に官公署で使用（写真5）
大闕盤　宮中で使用されました。螺鈿漆器が多く、朱漆、黒漆（写真6）
四角床
十角床
十二角床

③形象面からは、
屏風床（写真7）
円盤（写真8）
花辺床（写真9）

④地方によって、
羅州盤　足が竹節状の彫刻であるのが特徴であり、四角です（写真10）
海州盤　足が板の透かし彫りになっていて、四角です（写真11）
統営盤　主に螺鈿漆器です（写真12）

⑤特異形（模様や材料が余り使われていない床）としては、
蓮葉床　天板の模様が蓮の葉の模様で

虎足盤（写真1）

狗足盤（写真2）

風穴盤（写真3）

一柱盤（写真4）

公故床（写真5）

大闕盤
(写真6)

屏風床
(写真7)

円盤
(写真8)

花辺床
(写真9)

羅州盤
(写真10)

海州盤
(写真11)

統営盤
(写真12)

蓮葉床
(写真13)

盞床
(写真14)

紙縄床
(写真15)

あり、螺鈿になっています（写真13）
　半円盤　円を二つに断った半円形
　盞床　盞の膳に使用。盞が滑らないように、中に穴が彫ってあります（写真14）
　紙縄床　紙をよって紐を作り、それを編んだ床。軽くて割れないので、子供達の床として多く使われます（写真15）。

（6）材料

①素地

素地は白盤・白骨とも呼び、生地匠が専門的に作ります。木は主に銀杏を使用します。黒漆や朱漆を塗る場合は、必ず赤松を使用します。欅やいろいろな雑木を使用することもありますが、膳の最も重要な重さを考えれば、実用的ではありません。

②塗料

膳は水気のある物を載せて使用しますので、木を保護するために必ず漆を塗ります。ときどき貧しい人達が白盤を買ってきて油を塗って使用しますが、これでは長持ちしません。喪中の家では死者の飯床に白盤を使います。

漆には、地方のアマチュアが塗るもの、プロの漆匠が塗るもの、宮中や両班が使用する政府匠が塗るものがありますが、最も高級なのは政府匠が塗るものです。一般の匠が塗る膳にも相当に良いものが多いのですが、地方のアマチュアが塗ったものは、やはり寿命が長くありません。

漆は、ほとんどが透明漆であり、高級なものには黒漆と朱漆とがあります。朱漆は主として宮中で使用されました。

（7）膳と風俗

韓国の風習でいろいろな床を使いますが、百日床・トル床・生日床・成年床・醮礼床（結婚床）・回甲〔還暦〕床・祭祀床などがあります。

①百日床

子供が生まれてから百日めに用意される膳です。名目上は子供のための膳ですが、実は、母と一家親戚のための宴会膳です。母にとってはお産の難関を無事に終えた祝賀の飲食であり、一家親戚にとっては全員が集まって子供に面会し、喜びながら食べる膳です。

②トル床

生まれてから丸一年になる日に膳を用意します。膳の上に、筆・本・お金・餅・菓子などを揃え、トル〔1歳〕服を着た子供の前に持っていきますと、子供が膳の上の何かをつかみます。そのとき最初につかんだのが本や筆であった場合、皆が拍手し、「この子は将来学者になる」などといって喜び、お金をつかめば「将来はお金もちになる」といいます。糸をつかめば「この子は寿命が長くなる」と喜びます。

両班の家では学者になることを望んでいるので、一番前の、手が触れやすい所に本や筆を置いて、自然に本や筆をつかむようにしています。家族の望みを祈願する楽しい遊戯床です。

③生日床

トル床以後59歳まで、毎年、誕生日に用意する膳です。結婚前には母が、結婚後には夫人が、老いれば息子たちが用

意します。家族あるいは親戚が集まって会食します。歳を取るほどお客が多くなり、親しい人の間では互いに誕生日を記憶していて、2、3日前から楽しみに待ちます。

④成年床

満20歳になる日、成人式を執り行って、父母と先生に膳を勧めた後、本人が膳を前にします。

⑤醮礼床

結婚する日、男女の間に置いて、向かい合って礼をしながら百年の佳約を結ぶ膳です。栗・棗・穀物・菓子・酒を載せ、青糸と赤糸とで編んだ糸を置く膳です。

⑥回甲〔還暦〕床

満60歳になる日、息子たちが用意してくれる膳です。息子たちの成功いかんによって膳が違ってきます。成功しなかった息子も大変高級な膳を用意する風習があります。その膳を前にして、息子たち全員が丁寧な礼をします。

⑦祭祀床

4代前までの先祖たちが死んだ日の零時前に膳を用意し、零時に差し上げて祭祀を行います。膳をこのようにたくさん用意するのは、人生の通過儀礼で、歳月の流れを示す行為でもあります。

⑧ソンニム床〔客膳〕

客が来たときに用意する膳で、主人は、貧しい暮らしをしていても、十分に準備して出さなければならない辛い膳です。

⑨サウィ床〔婿膳〕

婿がいついかなる時、妻の家に行っても、義母が喜んで膳の足が折れるほど用意するのがサウィ床です。

また、「乞食にも膳を勧める」という言葉が示すように、生まれてから死ぬまで、上下を問わず広く使われるのが韓国の膳です。膳は韓国の生活環境（坐食文化）が生んだ独特の文化です。

(8) 余談

不幸にも合い席（兼床）文化が入ってき、いろいろな物が使用されることで、天板がだんだん広くなり（足は坐った高さで不変）、今の市場に出ている膳は、まず大盤（天板だけ広い）です。膳は使えば傷ができますが、すぐ漆匠に修理してもらえば前よりもずっと良いものになります。造型的に見ても、また、材料（木はベニア、漆はカシュラッカーです）面から見ても、今の物は、朝鮮時代の物よりもはるかに劣っています。

〔訳者注〕

膳をまとめて見ようと思う人は、梨花女子大学付属博物館（→55頁）を訪ねてください。国立民俗博物館（→49頁）の食生活を展示した所、山梨県の浅川伯教・巧兄弟資料館でもある程度、見ることができます。

漆器の製作過程

洪東和（高崎宗司訳）

（1）はじめに

　韓国では古代から、住宅はいうまでもなく、生活用具の大部分を木で作ってきました。しかし、木は腐食しやすく、火災などで焼失しやすいという弱点をもっていました。そのため、器具の腐食を防止し、堅固にする方法として、器物の表面に動植物の油や漆を塗って使用してきました。

　わが国で発掘された漆器遺物としては、慶尚南道義昌郡東面茶戸里で発掘された黒漆塗り高坏などがあります。2000年の漆器文化を形成してきたことになります。漆器文化は三国時代をへて高麗時代に引き継がれ、飛躍的な発展を遂げたのです。

　ここでは、多年、漆の仕事に従事しながら、国内外の遺物に使われた材料と工程の科学的研究を基に、経験から会得した知識と、現地調査・文献を通して習得した情報を整理することにします。

（2）漆器の製作工程

①漆作り（精製）

　＊オッチン〔原液〕：漆の木から採取した漆の原液で、不純物（水分、木屑など）が混じっている乳白色の液体です。水分が25％前後、純漆（ラッカー性）が65％前後で、そのほかに若干のゴム成分からなっています。化学的には酸性です。

　＊生漆：原液を蚊帳の目よりも細かい、網で漉したものです。基礎作業、艶出し、そして漆糊に使います。

　＊透明漆：生漆を筒に入れてヘラで混ぜながら、太陽の光（電球あるいは炭火）で水分を蒸発させた漆です。塗料として、模様漆と色漆に使います。

　＊色漆：透明漆に色素粉、つまり赤・青・黄・白・黒・褐色・緑を混ぜて作った漆で、主として漆画を書くのに使います。

　＊黒漆：透明漆に酸化鉄を入れて黒くした漆です。

　＊火漆：漆を採取した木を焼いて得た漆です。水分が少なく乾かないので、薬用・防腐剤・防水用・焼き漆などに使われます。

　以上のほかにも、漆工芸家は製作する物の性質と特質とに合わせて漆を作って使っています。

②漆器の製作工程

　ここでいう漆器の製作工程は、伝統的な方法を基にした現代の一般的な方法です。もちろん、これ以外にも工芸家によっては特殊な方法を使っています。

　漆器の製作工程は大きく3段階に分かれます。

　第1に、下地です。素地の面を美しく丈夫にするための作業です。

　第2に、絵つけです。これはいろいろな文様・材料、つまり貝殻を薄く切り取ったチャゲと呼ばれる物、べっこう、金属などに模様を描き、切り取ったりしながら、絵を入れる仕事です。

　第3に、漆塗りです。下地と絵つけが終わってから完成までの漆塗りです。

　それでは、下地と漆塗りについて、もう少し詳しく見てみましょう。

ア、下地
　＊素地選び：木の面に傷や節目があったりする所はナイフで若干削ります。
　＊素地塗り：素地の全面に薄い漆で木が十分に漆を吸収するように塗って乾かします。
　＊素地直し：面の傷や節目を漆糊（漆ともち米と小麦粉）と木屑の混ぜたもので埋め、乾かした後に紙やすりで磨いて平面にします。
　＊布張り：麻、絹、あるいは紙などをそれぞれの特性に合わせて張り漆糊を全面に塗り、乾燥した所で乾かします。
　＊布塗り：素地の木に張った布の接着力を高めるために、薄い漆で十分に吸収するように塗ります。中国や日本の工程ではありませんが、とても大事な工程だと思います。
　＊布の目埋め１回：布の目に下地（土の粉、骨角粉、粗い貝殻の粉、石の粉、炭の粉、瓦の粉などと漆をよく混ぜたもの）をヘラで押し込んだ後に、乾燥した所で乾かします。十分に乾いたら、紙やすりで磨き、平面のざらざらした面を滑らかにします。
　＊布の目埋め２回：布の目埋め１回の工程をもう１回繰り返します。
　＊下地漆塗り：下地と布の接着を強くするためにやや薄い漆を塗ります。
　＊下地平面磨き１回：細かいコレを作ってざらざらした面を滑らかにしながら平面を作ります。十分に乾いたら、固い炭あるいは石(やすり)で平面にします。
　＊下地平面磨き２回：下地平面磨き１回の工程をもう１回繰り返します。
　＊下地美化：細かい下地を作って下地面を化粧するように磨いた後に乾燥させます。乾燥した後に炭（石、あるいはやすり）で磨き、表面を美しくします。
　＊下地化粧漆：やや薄い漆で下地面の細かい穴を埋めます。漆ぶろに入れて乾燥させた後、炭で磨いて漆の面を美しくします。漆塗りは一般の塗りとは違って、温度も湿度も適切にしてはじめてよく乾燥するという独特な性質がありますので、ほこりが着かないように清潔な乾燥室である漆ぶろが必要です。
　＊下ごしらえ漆：下ごしらえを終えるために塗ります。塗った後に柔らかい炭で磨いた面を美しくします。

イ、絵つけ
　模様の材料と形によって技法はさまざまです。下地漆塗りが終わった後に絵つけ（模様を入れること）が始まります。つまり絵つけには、図案を書き、図案どおりに切り取り、図案どおりに漆面を削り、象嵌するなどの工程が含まれています。

ウ、漆塗り
　絵（模様）がある場合とない場合とで工程が違います。次に述べるのは、絵がない場合です。
　＊下漆：黒漆を刷毛でよく伸ばし薄く塗ります。漆ぶろ（湿度50％程度、温度20度C前後）に入れて10時間ほどで乾くように漆を配合します。その後、漆紙（紙の網）で漉して、刷毛でよく伸ばし薄く塗ります。漆ぶろに入れて十分に乾かした後、柔らかい炭（やすり）で研いで、平面を美しくします。
　＊中漆：下漆と同様にもう一度、漆を塗ります。
　＊上漆：最上質の漆（強くて艶が出る漆）を何度も漆紙で漆の不純物を取り除いた

40

後に、上漆刷毛で薄く伸ばし美しく塗った後、漆棚の中で乾かします。商業的な漆の場合は、一度塗った漆の厚さが0.05〜0.08ミリメートル程度ですが、高級技術で塗られた漆は厚さ0.03〜0.04ミリメートル程度です。漆が厚いと寿命が短くなるという研究結果があります。

＊上漆磨き：十分に乾燥させた後に塗った面を柔らかい炭で磨きます。漆の厚さが半分になるまで薄く磨かなければなりません。つまり上漆の厚さが0.04ミリメートルの場合、0.02ミリメートルまで磨かなければなりません。

＊むら消し：細かい粉（夾雑物を取り除いた陶土の粉、石の粉、炭の粉など）に油を混ぜて生地に埋めて漆面をこすり、漆面のむらがなくなるまで美しくします。

＊光漆1回：生漆を綿に含ませて漆面を何度もこすって塗ります。その後、新しい綿で5分の4ほど磨きます。漆面に漆を吸収させるために、磨く前に、塗った後、2〜3分待ちます。

＊艶出し1回：非常に細かい粉を油に混ぜて綿に含ませて、艶を出す漆面をこすって艶を出します。

＊光漆2回：生漆を綿に含ませて漆面を何度もこすって塗った後、新しい綿で磨きます。

＊艶出し2回：艶出し1回の工程をもう1回します。

＊光漆3回：光漆2回の工程をもう1回します。

＊艶出し3回：とても美しい鹿の角の粉（今は艶を出す薬があります）を綿や手に付けて漆面にこすりつけ艶を出します。艶出しと光漆はやればやるほどよい艶が出ます。

（3）漆器の種類と分類

「漆器」と言えば一般的に螺鈿漆器を連想しますが、これは模様の材料として区分した一つの種類に過ぎません。漆器を素地に基づく分類と模様に使われた材料に基づく分類で一見してみれば、漆器に対する理解がたやすくなされるでしょう。

まず、素地の材料に基づく分類を見れば、次のとおりです。

＊木：木に漆を塗ったのが木心漆器です。漆器の大部分が木に漆を塗ったものであるために、普通、木心という単語を省略します。

＊竹：竹で作った容器に漆を塗れば竹心漆器です。この場合は籃胎漆器といいます。軽くて伸縮性があるので、携帯用の物が多いです。

＊皮：皮に漆を塗った物で漆皮といいます。鎧と兜が代表的なものです。皮心漆器あるいは漆皮漆器といいます。

＊金属：金属の型に漆を塗ったもので、金胎漆器といいます。金属の場合には、漆が必要で塗るのではなく、金属の防錆（錆の防止）・防腐のために漆を塗ったのです。ですから、漆器という点を強調しません。

＊瓦・陶：土器や陶器に漆を塗ったもので、瓦胎漆器、陶胎漆器といいます。

＊紙：土の型、木の型に楮紙を糊や漆で張った後に型を取り出して、紙と漆だけを残す方法で、紙漆器といいます。また、楮紙をよじって素地を編んで作った紙縄〔こより〕に漆を塗った漆器は紙縄漆器といいます。

＊布：土型の上に麻を漆糊で何度も、作品に合った厚さになるまで塗ります。

作品に合った厚さになったら、土型を取り出して漆と布を残します。これを乾漆漆器といいます。漆器の中でも構造的に最も完璧な漆器です。

次に、模様に使われた材料による分類です。
＊チャゲ：鮑の貝殻を切り取って模様を入れたもので、螺鈿漆器といいます。
＊金属：金属で模様を入れたもので、平脱漆器といいます。
＊べっこう：亀の甲羅を切り取って模様を入れたもので、たいまい漆器といいます。
＊金箔：金箔を漆で付けたもので、金箔漆器といいます。漆で絵を描いた後に金箔を付けたのを「金箔画」といいます。また、陰刻した後に金箔を象嵌したものを「創金」といいますが、金箔画の一種です。
＊金粉：漆で絵を描き、乾く前に金粉を蒔いて描いた絵で、「金粉画」といいます。
＊紙：紙で模様を切り取り、貼りつけたもので、「紙漆器」「紙胎漆器」といいます。
＊色漆：色のついた漆で模様を描いたもので、楽浪漆器あるいは漆画といいます。

このほかにも、琥珀・宝石・魚皮・角などがあり、新しい材料の開発も研究されています。

それでは、漆器の名称はどのように呼ばれなければならないか、という問題を考えてみましょう。今までの漆器の名称には、一定の基準がなく、同じ遺物を前にして、いろいろな人がいろいろに呼んできました。そこで筆者は漆器の名称を次のような基準で呼ぼうと思います。

素地の種類＋模様の材料＋模様の名前＋漆の色＋物の形態＋物の用途

例を挙げれば、陶磁器の壺に螺鈿で柳・鳥・水の模様を入れて黒漆を塗っていたら、これの正式名称は次のようになるでしょう。

陶胎（素地）＋螺鈿（模様の材料）＋柳鳥水文（模様の名前）＋黒漆（漆の色）＋壺（物の形態＋物の用途）

いろいろな模様・材料をまぜて使う場合には、今までは一般的に代表的な材料の名だけで呼んできました。高麗時代の経函の場合、螺鈿・たいまい・金属線などを使いますが、代表的な材料である螺鈿を選んで「螺鈿唐草文経函」と呼んできました。これを呼ぶ詳細で正確な名称は、

木心（型）＋螺鈿・たいまい・金線（模様の材料）＋唐草文（模様の名前）＋四角（形態）＋経函（用途）
です。

(4) おわりに

韓国の漆器文化について、古代から現代まで歴史性を土台にした展示と、これについての研究はまったくありませんでした。1989年に国立民俗博物館で開かれた「漆器2000年展」はわが国の漆器文化を見つめるよい機会だったと思います。

この特別展に寄せて、漆器の製作工程について、筆者が知っていることを叙述した文章に手を入れたのが、今回のこの文章です。

現代科学の発達によって漆器遺物の分

析・研究は相当進捗しました。漆器遺物が作られた当時の状況（漆ぶろの湿度、製作速度）と材料（物質の正体）の糾明が可能になりました。また、完成品の素地から上層まで特殊X線断層撮影もまた可能になりました。

　遺物の分析をとおした伝統技法の習得、科学的方法による漆の特性の研究、漆工芸家の創作意欲などが一緒になったとき、かつて燦爛と輝いていた漆器文化は再び花を開かせることになるでしょう。

〔訳者注〕
　漆の名匠である洪東和さんの作品は、国立民俗博物館（→49頁）の手工芸展示コーナーに展示されています。

洪東和氏

第3章　博物館・美術館・史跡
　　　　・窯跡・窯元

　ここでは、この間、「浅川巧の足跡と韓国の焼物を訪ねる旅」で訪ねた所、それも、この本をまとめようと思いたってから（2000年7月以降）訪ねた所を中心にすることにしました。韓国に在住していた柳宗悦研究家・加藤利枝さんのご協力を得ました。
　初版（2001年2月）刊行以降に訪ねたところも追補しております。

景福宮とその周辺

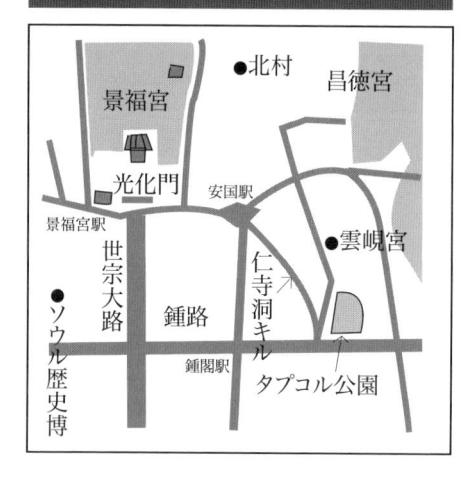

景福宮

　太祖が朝鮮王朝を開いたのが1392年で、その2年後に都を漢陽（ソウルの当時の名前です）に移しました。そして、その翌年に造営したのが景福宮です。1593年、文禄の役（朝鮮では壬辰倭乱といいます）のとき、日本軍の放火により全焼し、廃墟になりました。それから273年後、1865年に大院君によって再建工事が開始され、67年に竣工します。

　1895年10月、三浦梧楼公使や岡本柳之助宮内府兼軍部顧問らは、閔妃（おくりなにもとづいて韓国では明成皇后と呼んでいます）を暗殺しようと計画し、その指示を受けた漢陽在住の朝鮮浪人たちは光化門を乗り越え、宮内を北進して香遠亭の北側にあった乾清宮玉壺楼に閔妃をおそって殺害し、東側にある鹿山で死体を焼却しました。そこには現在、「明成皇后殉難之地」と刻んだ石碑と、殺害の様子を描いた絵を収めた建物が建てられています。なお、この事件についての書物として、角田房子『閔妃暗殺』（新潮文庫）があります。

　高宗は、その後、ロシア公使館に保護を求めて逃避し、97年には慶運宮（現在の徳寿宮です）に移って、景福宮には戻りませんでした。そのため荒れるに任されました。そのうえ、1910年には日本が韓国を併合し、約100を数えた建物のうち、10余を除く大部分を破壊、あるいは移転しました。

　現在、復元工事が進行中です。

光化門

　1395年に竣工した景福宮の正門が光化門です。創建時には楼に鐘と太鼓を吊るし、朝と晩に時刻を知らせていました。文禄の役で焼失し、1865年に再建されました。

　それから57年がたった1922年、光化門は朝鮮総督府庁舎の新築工事に際して、破壊の危機に見舞われました。そのとき、柳宗悦は「失われんとする一朝鮮

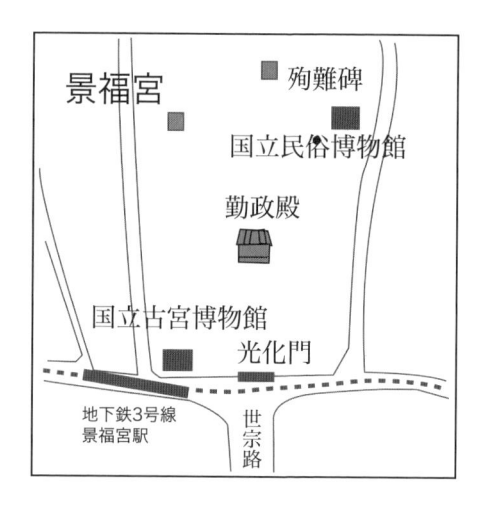

建築の為に」を『東亜日報』と『改造』に発表して、その中止を訴えました。

柳は、まず、次のように書きました（この部分は、『改造』では削除されました）。

「この題目が活々と読者に形ある姿を想い浮ばす事が出来ないなら、どうか次の様に想像して頂こう。仮りに今朝鮮が勃興し日本が衰退し、遂に朝鮮に併合せられ、宮城が廃墟となり、代わってその位置に尨大な洋風な日本総督府の建築が建てられ、あの碧の堀を越えて遙かに仰がれた白壁の江戸城が毀されるその風景を想像してください」

そして、光化門について、次のように紹介しています。

「此処に朝鮮があるとばかりにもの云う諸々の建築が前面の左右に連ねられ、広大な都大路を直線に、漢城を守る崇礼門と遙かに呼応し、北は白岳に飾られ南は南山に対し、皇門はその威厳ある位置を泰然と占めているのである。かくて三個からなる闕門を中に穿ち、巨大な堅固な花崗岩を高く築造し、その上によく伝統を守った広大な重層の建物を聳えさせた。云う迄もなく門は左右に均等の高壁を延ばして、尽きる所に角楼が美しい姿勢を保っている。仰ぎ見る者は誰でもその自若とした威厳の美に打たれない者は

ないであろう」

柳のこの一文は多くの人の魂を揺さぶりました。おかげで光化門は破壊から免れました。しかし、東門の位置に移されました。そして、1950年からの朝鮮戦争で焼失し、その後、元の位置に再建されました。

緝敬堂（旧・朝鮮民族美術館）

柳宗悦は1920年5月の朝鮮旅行で、浅川伯教が所蔵する染付辰砂蓮華文壺（→32頁）と出会いました。そして、それを契機として、こうした素晴らしい陶磁器を産んだ朝鮮の美術史を書こう、それらの品々を保存するために朝鮮民族美術館を設立しようと計画しました。

朝鮮民族美術館設立計画は、同年末、浅川巧が我孫子に柳を訪ねたときに具体化しました。美術館を朝鮮の地に設立しようとしていた柳にとって、朝鮮に住み、朝鮮の美術工芸に造詣の深い巧はまたとない協力者でした。

柳は21年1月号の『白樺』に「『朝鮮民族美術館』の設立に就て」を発表しました。そして、「私は種々考えた末その美術館を、東京ではなく京城の地に建てようと思う。特にその民族とその自然とに、密接な関係を持つ朝鮮の作品は、永く朝鮮の人々の間に置かれねばならぬと思う。その地に生れ出たものは、その地に帰るのが自然であろう」と書きました。また、ここに集められた作品が「未来の製作を呼び起す動因になるよう、注意を払わねばならぬと思う」、その美術館が日本人と朝鮮人の「親しく会し、心おきなく語り合う場所にもしたいと思

景福宮略図

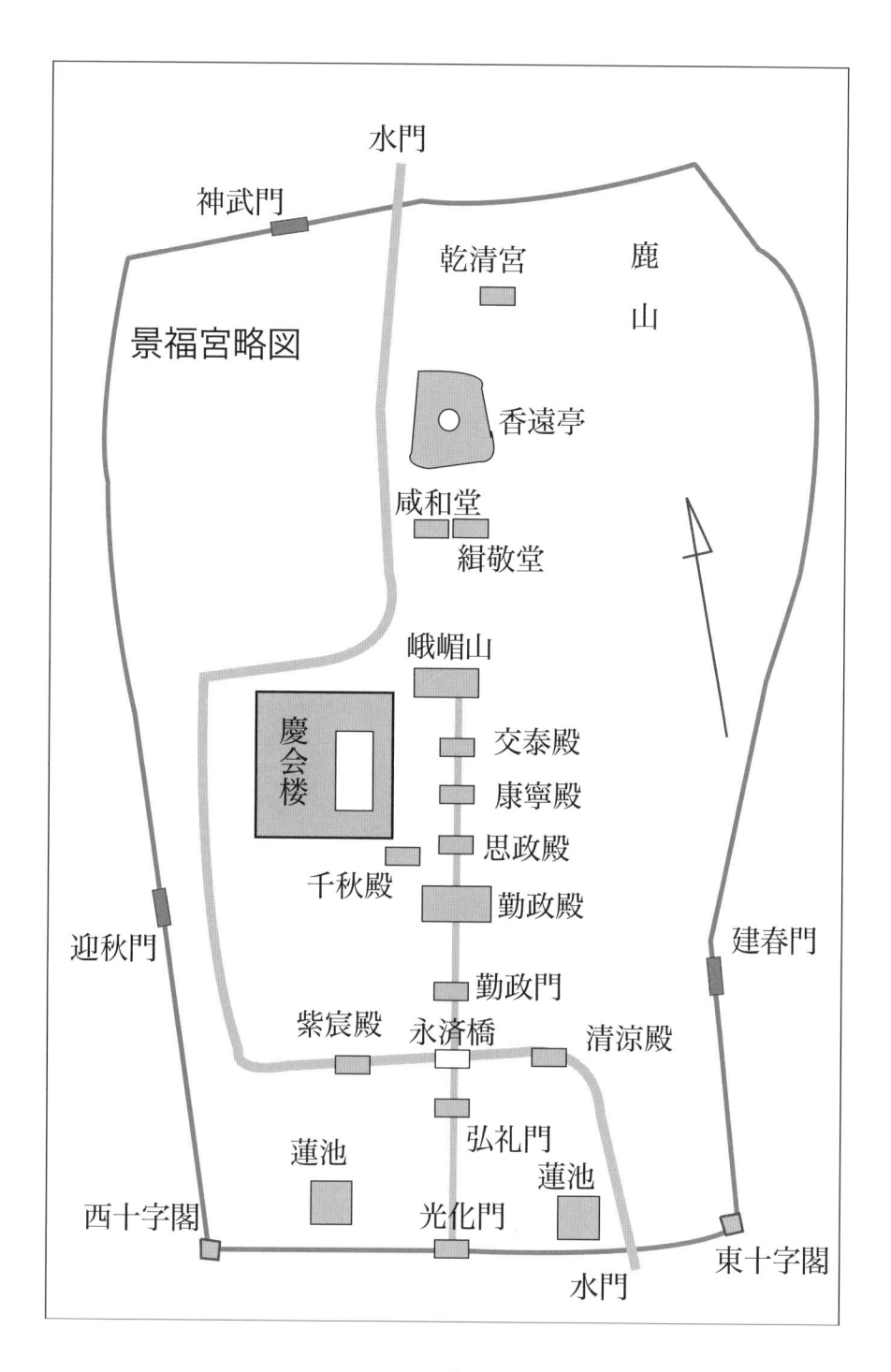

水門
神武門
乾清宮
鹿山
香遠亭
咸和堂
緝敬堂
峨嵋山
慶会楼
交泰殿
康寧殿
思政殿
千秋殿
勤政殿
迎秋門
勤政門
建春門
紫宸殿　永済橋　清涼殿
弘礼門
蓮池
蓮池
西十字閣　光化門　東十字閣
水門

咸和堂」と書いて、設立資金の寄付を訴えました。

当時は、朝鮮の文化財を日本に持ち出す人が多い時代でした。また、高麗の青磁などを愛蔵する人の多くも「今の朝鮮」には無関心でした。朝鮮人と「親しく会し、心おきなく語り合う」ことなどは望んでもいませんでした。

計画は予期以上に喜び迎えられました。朝鮮在住の富豪・富田儀作は朝鮮美術品の寄贈を申し出ました。朝鮮人留学生たちも寄付を寄せました。柳兼子は音楽会を開いてその収益を寄付しました。浅川巧が愛蔵の水滴や膳を寄贈したことは言うまでもありません。

こうして、24年4月9日、朝鮮民族美術館は景福宮内、香遠亭の南側にあった緝敬堂と咸和堂（現存しています）に開設されました。前者を展示室、後者を事務室に使いました。後者は朝鮮王朝末期、高宗時代に閣議を開いたり、外国の使節を接見したりするときに使用していた建築です。こうした由緒ある建物を借りることができたのは、柳の父が明治時代の海軍少将で、時の朝鮮総督・海軍大将・斎藤実の先輩にあたったということが関係していたかもしれません。

ここには、当時あまり目を向けられることのなかった李朝白磁や膳などの木工品など、日常使われていた雑器が所狭しと並べられていました。朝鮮民族美術館はこうしたものを陳列した最初の美術館でした。日本民芸館が開館するのは、36年ですから、12年後のことです。

朝鮮民族美術館が開館するにあたっては、次のようなエピソードがあります。

「朝鮮民族美術館と名付けた。総督府はかなりの反感を示し、民族の二字は除かれないかとの交渉もあったが、先生〔柳宗悦〕は頑として応じないでいた。この二字を除けば補助金位貰えたであろうが、それは先生の本意ではなかった。こうして民族という文字にすら執着をもったのは、民族への同情と理解があった為で」ある（浜口良光）。

45年8月、日本の敗戦にともなって、朝鮮民族美術館はその幕を閉じました。柳や巧に代わって、浅川伯教が、その所蔵品に自分の所蔵品を加えて、宋錫夏が設立した民族博物館に寄付しました。これら数千点の品々は、現在、韓国国立中央博物館所蔵品の重要な一部を構成しています。土田真紀「朝鮮民族美術館のその後を追って　韓国国立中央博物館での調査上・下」（『民芸』98年3〜4月号）は、それらの品々の現状を調査した記録です。

国立民俗博物館

景福宮の中にあります。博物館の休館日はたいがい月曜日ですが、ここは火曜日です。建物は、法住寺捌相殿・華厳寺覚皇殿などの伝統的な建築様式を現代的に応用したものです。

三つの展示室があります。

第1展示室は、先史時代の生活、三国時代の生活と文化、伽耶の鋳鉄文化、高

国立民俗博物館

麗の印刷と青磁文化、朝鮮の科学技術・ハングル創製に分かれています。ここでは、韓国文化が北方文化をもとに、南方文化を受け入れながら形成されたことが示されています。また、世界で最も古い木版印刷物の存在、世界最初の金属活字の発明が強調されています。

第2展示室は、生業、手工芸、衣生活、住生活、食生活に分かれています。手工芸のコーナーには、朱漆高杯・経函・漆皮箱子・黄漆（金漆とも言います）・銀製鉢など、遺例が少ないということで、洪東和さんが複製した漆工芸品が展示されています。

祭礼場面（国立民俗博物館）

衣生活コーナーでは、高麗織りのワンピースのような衣服を、食生活コーナーでは、郷土の食べ物を載せた十余種の膳を見ることができます。

第3展示室は、出生と教育、冠礼と婚礼、交通・通信、伝統遊戯と社会制度、民間信仰、葬礼・祭礼の各コーナー、企画展示室に分かれています。

冠礼と婚礼のコーナーでは、婚礼のようすが人形を使って説明されています。その中に新郎が新婦の母に捧げる鶏が展示されています。元来は木雁が使用され、奠雁礼といいました。雁は夫婦仲がよく、頭の良い動物と信じられていて、土器の形にも採用されています。

また、民間信仰のコーナーでは、民画や螺鈿の木枕飾りの中に虎の模様が出てきます。これは、山神信仰あるいは祈福信仰に基づくものとされています。

売店では日本語の図録『国立民俗博物館』などを売っています。

国立古宮博物館

景福宮内にあり、光化門を入ると、その左側に見えます。旧国立中央博物館の建物を利用して開館した旧王宮遺物博物館です。現在は2階だけを展示室として利用していますが、2007年までには1階や地下でも展示する予定だそうです。

2階は5つの部屋に分かれています。帝王記録室には、帝王が使った金印、肖像画、本、文書などが、宗廟祭礼室には、祭器や楽器があります。また、宮廷建築室には、宮廷資料や扁額が、科学文化室には、科学機器や武器が展示されています。金属工芸や陶磁器・家具や衣服・装

国立古宮博物館

身具などは、王室文化室に展示されています。ここで見られる陶磁器や膳の数は多くありませんし、庶民とは無縁のものです。しかし、民芸（民衆的工芸品）との違いを知る上で、やはり見ておいてよいでしょう。朝鮮王朝最後の皇太子妃であった英親王妃の遺品がたくさんありますが、王妃は政略結婚させられた日本人梨本宮方子でした。

仁寺洞

古今の陶磁器や紙・筆などの工芸品を売る店が軒を連ねています。一軒一軒の骨董品店については、淡交ムック『韓国骨董入門「李朝」をたずねる』に掲載された「詳細韓国骨董店ガイド」がよく紹介しています。

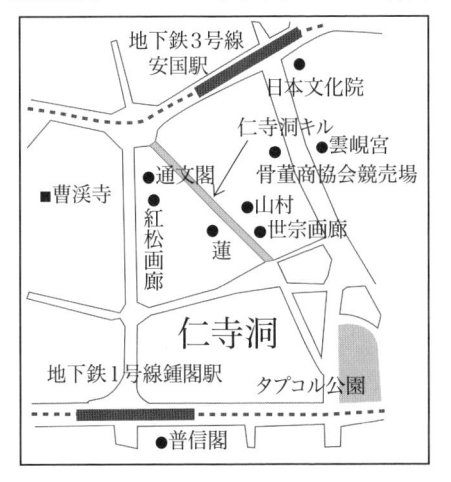

画廊や古本屋（通文館が有名です）もあります。

散歩をする人も多く、にぎわっています。精進料理を食べさせたうえで、僧舞などを見せてくれる店（山村）、民俗酒場、民俗喫茶店もあります。

仁寺洞キルを安国洞から鐘路に向かうとすれば、右側3番目（角に表具画廊があり、左側にヨンビン・ガーデンがあります）の角を右手に入って数軒めに紅松画廊があります。値段のわりには良い陶磁器を売っているということで、洪東和さんがお勧めです。「蓮」は卸売りの店です。

タプコル公園

朝鮮王室の護寺として1471年に建てられた円覚寺の跡です。朝鮮時代は儒教の時代、仏教が排斥された時代というイメージは、少なくとも初期に関する限り訂正される必要があります。

その縁起を印した円覚寺跡石碑が公園に入ると右手に見えます。これは国宝です。彫刻が李朝的と言われています。

奥のほうに見える高さ13メートルの大理石十層塔（下の三段は基壇です）も国宝です。一時、日本に運びさられ、批判されて返還を余儀なくされたことでも知られる敬天寺十層塔（国立中央博物館に展示されています）を模倣した物と言われています。酸性雨対策のため、ガラスでおおわれ、全面にほどこされたすばらしい彫刻を子細に見ることができなくなったのは残念です。

八角堂は、1919年の三・一朝鮮独立

タプコル公園

運動に際して、宣言文が読み上げられたところとして知られています。

公園の壁の一角に12枚のレリーフがあり、日本軍の弾圧と韓国人の抵抗の場面が描かれています。

そのうちの1枚に堤岩里教会焼き討ち事件を描いたものがあります。事件があったことは事実ですが、子供が殺されたというのは間違いです。

近くの宗廟には、朝鮮朝の歴代の国王と王妃の位牌が祀られています。正殿には太祖・李成桂ら19代の王と王妃が、また、永寧殿にはその他の王と王妃、死後に王号が贈られた王族が祀られています。最近、ユネスコの世界遺産リストに登録された史跡です。

北村と南村ゴル韓屋マウル

景福宮と昌徳宮に挟まれた昔の北村、今の嘉会洞事務室の近辺や中央高校のあたりには、現代的な建物に混じってわりあい多くの韓屋が自然な形で見られます。実際に人が住んでいて、生活のにおいがするのです。韓屋の建築費はコンクリートの家に比べると三倍もかかるそう

です。そこで、ソウル市が補助金を出して韓屋を奨励し、この一帯を歴史散策路にする計画を進めています。

一方、南山の麓に新しく造成された南村ゴル韓屋マウル(→54頁)は、両班(貴族)の家、数軒を移転させて作ったものです。人が住んでいないためもあって、映画のセットのような雰囲気です。

雲峴宮

仁寺洞キルの中ほどのところを東側に入ると大通りに出ます。それを越したところにあります(→51頁)。訪れる人が少ないので、のんびりできるのもいい点です。朝鮮王朝末期の摂政、高宗の実父・大院君の屋敷です。昔は今の4倍もあったそうです。高宗も12歳までここで過ごし、閔妃との結婚式もここで行ないました。最近まで、4代目が住んでいたため、生活のにおいが少し残っています。守直舎・老安堂・中門・老楽堂・二老堂・回廊など、朝鮮朝末期の建築物、井戸、室内の箪笥、その上の白磁の壺は昔のままです。客間の老安堂では、屏風、四方卓子なども見られます。土間には朱塗りの膳もあります。

邸内に遺物展示館があり、大院君が使用した文具や朱塗り螺鈿函、机、大院君が描いた蘭図・花鳥図も展示されています。

骨董商協会競売場

雲峴宮の向かいに天道教の本部があります。その2階にあります。大きな部屋ではテーマを決めて物を展示し、競売します。膳が100点以上も出ていたこ

とがあります。小さな部屋には骨董品が並べてあります。入場料をはらえば誰でも入れます。

ソウル歴史博物館

　光化門の四つ角から西大門駅のほうに向かうと、道路の右側にあります。陶磁器などの生活用具を見ることができます。2005年秋には日本民芸館等から借り出した物を中心にした民画の特別展を開きました。隣に再建された慶熙宮があります。

陶　遊

　ロッテホテルの地下にある陶磁器店です。社長の鄭好蓮さんは、かつて浅川伯教の弟子ともいえる陶芸家・池順鐸の秘書をしていました。そんな関係で池順鐸の作品を中心に売っていましたが、今はいろいろな作家の作品を売っています。また、池順鐸に聞かされた浅川巧の生涯に感動し、「浅川巧先生を思う会」を結成して、ソウル在住の陶磁器を愛する日本人たちといっしょに、巧の命日（4月2日）前後に墓参りをしています。

ソウル市内

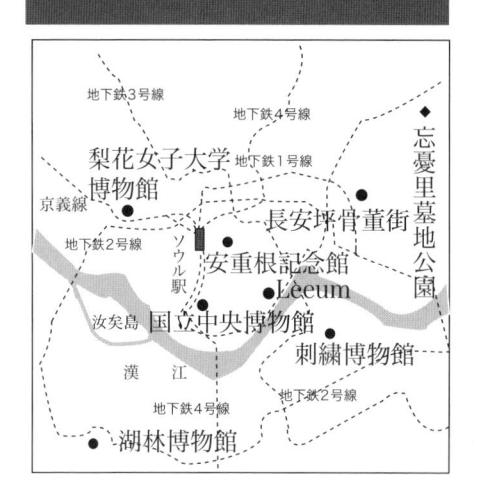

安重根義士記念館

安重根義士記念館

　1909年、ハルビンで伊藤博文を射殺した安重根は独立運動家です。1879年に黄海道海州府で生まれました。武術に優れ、17歳のとき、東学革命軍を装って乱暴を働く者たちを鎮圧したということです。1905年、韓国が日本の保護国にされると、安は学校を建てて救国の人材を養成しようとしました。

　しかし、まもなくその限界を感じて、義兵中将として武器をとるようになりました。同志とともに指を断って「大韓独立」を誓いました。彼の書には手形が押してありますが、左手薬指の第一関節が欠損していたことを示しています。

　旅順の獄中で、「東洋平和論」などの著述を残した思想家としても評価されています。1910年3月、32歳で刑死しました。韓国では切手の肖像画になるほど、尊敬されています。

　人格者であり、書をよくしたため、旅順刑務所の日本人刑務官たちは争って安の揮毫を求めました。それらの書が里帰りして記念館に保存されています。受付では、それらの書の写真などを収録した本や書の複製などを販売しています。館の外には安の銅像や安の書を刻んだ石碑がたくさん立っています。

　安重根は書家ではないにもかかわらず、その書を好む人がたくさんいます。書かれている内容が愛国的であり、いわゆる男性的であるということもありますが、洪東和さんによれば、芸術的に見ても、力強いし、学者の味がある、というのです。名筆家として、秋史・金正喜と

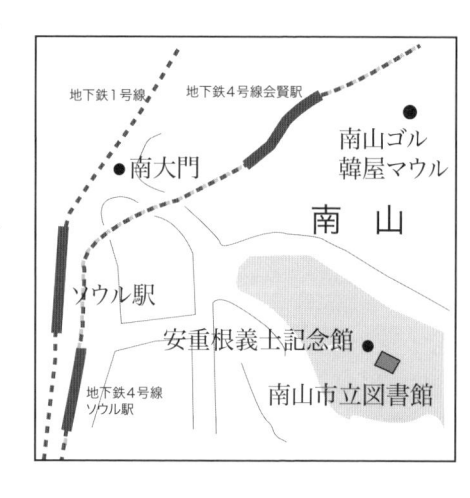

併称する人がいるほどだそうです。

　安の生涯について書いた本には、中野泰雄『安重根』(亜紀書房)、斎藤充功『伊藤博文を撃った男』(中公文庫)などがあります。

　なお、記念館が位置する南山公園は、日本統治時代に朝鮮神宮があった所です。記念館近くの階段は当時のものです。

梨花女子大学博物館

　韓国では総合大学に付属博物館の設置を義務づけています。ですから、大学付属の博物館はたくさんありますが、群を抜いて素晴らしいのがここです。東洋一大規模で、105年の歴史をもつ女子大の博物館だけあって、陶磁器・木工具(とりわけ膳)・女性の装身具などに優れた作品を見ることができます。

　2000年現在の館長は金紅男教授で、1991年の赴任以来、6,000点もの所蔵品を買い入れたことでも知られています。

　建物も大きくて、常時、約500点が展示されていますから、見応え十分です。見学者が少ないので、静かに落ちついてみられるのもいい点です。大学の正門をくぐると、すぐ左手にあります。休校日

梨花女子大学博物館

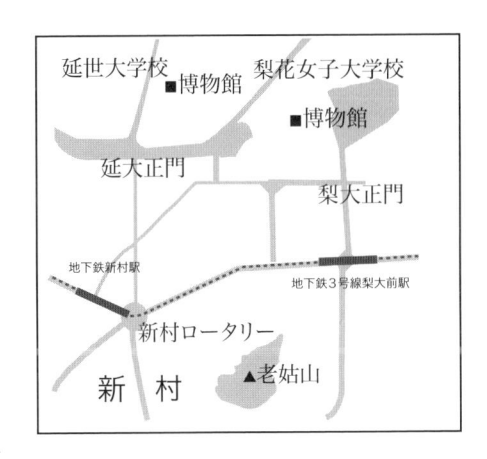

が休館なので、土・日、2月・8月は大体、休館です。開館しているかどうかを確認してから訪問するとよいでしょう。

　陶磁器では、完全な形ではありませんが、青磁としては最大の梅瓶があります。康津とならぶ青磁の産地・扶安で出土したものです。逆台形の青磁の陶板も他にはないものです。白磁鉄砂葡萄文壺は国宝、国立中央博物館に貸し出し中です。

　膳は50台以上所蔵しています。狗足円盤、朱塗虎足円盤、螺鈿一柱盤など、豪華なものがあります。高麗時代の金属工芸品223点も貴重な蒐集です。華角張りの所蔵数も韓国一といわれています。

　2000年秋には、オンギ(キムチなどを漬けるときに用いる甕)の展示会も開いていました。

　売店があって、記念品や名品展・特別展の図録(例えば『膳』)、その他の美術書なども売っています。

　同博物館の3階には、澹人・張富徳が蒐集した服飾関係4,000余点を所蔵する澹人服飾美術館があり、100余坪に600余点を展示しています。

　時間のある人は、近くにある延世大学

の博物館も見学してみましょう。正門の右手前方にあります。1階の美術室には李象範の絵などがあります。2階の先史室は博物館の中心です。その他、歴史室・典籍室・学校史室があり、3階には民俗室・医薬室・動植物室・地質室があります。歴史室では粉青沙器なども見られます。

湖林博物館

　湖林・尹章燮が集めた遺物と基金を土台に、1981年に設立された成保文化財団が、92年に設立した博物館です。96年、冠岳区新林洞に新築し、99年に再開館しました。4つの常設展示室と1つの企画展示室をもっています。土器3,000点、国宝8点、宝物36点が自慢です。

　3,000余点におよぶ多様な土器の収集が特色になっています。焼物の基本は土器なのですから、もっと土器に対する関心が高まってもよいと思います。

　そのほかに、青磁1,100点、粉青沙器500点、白磁も2,100点余りあります。金属工芸品（金銅の仏像）や絵画もありま

湖林博物館

　す。

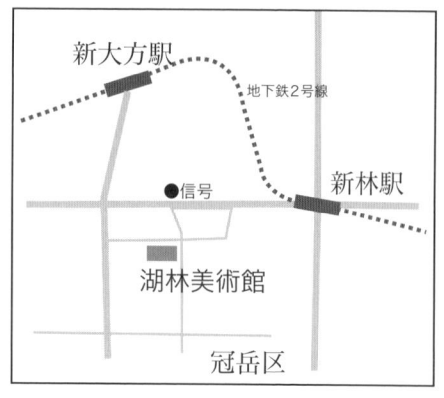

　第1室は考古室です。青銅器・初期鉄器時代の赤色摩研土器、原三国時代の雁形土器（館側では鶏形土器としています）、67センチメートルもある大きな土器器台、垂飾り（瓔珞）のついた土器土偶双飾器台などが見物です。垂飾りは音を出すためのもので、音を出すのは神様に祈りを捧げることを告げるためだったと思われます。なお、こうしたものを作った技術水準の高さには驚かされます。三国時代の新羅土器、伽倻土器もあります。統一新羅時代の骨壺も並べられています。

　第2室は陶磁室です。肩の部分が強調されている青磁の梅瓶は武人政権の登場に伴って出現したとされています。また、13世紀の青磁に干支銘を象嵌したものが多いのは元に貢納した関係だ、と説明しています。

　粉青沙器のところには、国宝の白地蓮魚文扁瓶が展示されています。楽しい模様です。宝物に指定されている象嵌牡丹唐草文壺は、象嵌部分がはみ出していて、高麗時代の物ではないことを主張しているようです。

　白磁としては、色と絵の入れ方に優れ

土器（湖林博物館）

た国宝の青花梅竹文壺、白磁注子、宝物の象嵌牡丹文瓶などがあります。

　第3室は金属工芸室で、仏像と仏具が展示されています。

　第4室は書画典籍室です。神仙図八曲屏風、大院君が描いた木蘭図や、宝物の写経があります。

　売店があって、『韓国美術の展開』『湖林博物館所蔵品選集』などの図録が売られていますが、いずれも日本語版はありません。簡潔にまとめてあって、写真も良い前者がお勧めです。

　地下鉄2号線の新林駅で降り、4番出口を出て、南部循環路を金浦空港方向に進み、バス停・湖林美術館前（時計屋があります）で左折すると、すぐです。

刺繡博物館

　正式な名称は、絲田韓国刺繡博物館です。最近は韓国語のポジャギ、チョガッポでも通じるほど有名になっているポジャギ、チョガッポを中心に蒐集した私立の博物館です。ポジャギは褓子器と書きます。風呂敷のようなもので、膳の上に塵よけとして掛けたり、服や器を包んだり、婚礼のときは袱紗のように使います。チョガッポはパッチワークによる物です。

　宝物に指定されている二十五条袈裟をはじめ、枕屛風刺繡、十長生図八帖、花鳥図八帖などの大きな物から、糸や針、指ぬきなどの小物まで見られます。絲田・許東華館長が1960年代から集めた服式と刺繡が約2,000点あります。展示室は20坪程度ですが、人気があります。

　図録も販売しています。また、許さんは『別冊太陽・骨董を楽しむ24・李朝工芸』（平凡社）に「ポジャギ」を寄稿しています。

　個人経営の小さな博物館ですから、土日は休館です。平日でも念のために電話で予約してから訪問するとよいでしょう。地下鉄7号線鶴洞駅で降り、10番出口を出て左折し、最初の角を右折すると、看板が見えます。

浅川巧ゆかりの地

　浅川巧の墓は、ソウルの東の方の郊外にある忘憂里公園墓地の一番いい所、薬

墓碑

水がわき出ている同楽泉のすぐ近くにあります。地下鉄で清涼里まで行き、タクシーに乗換えて約5キロ、忘憂里墓地の事務室で下車して、鉢巻き道路を左回りに進むと約20分です。墓地が混んでいないときなら、車で同楽泉まで行くこともできます。23,000基もあるお墓の中で、唯一の日本人の墓です。かつて浅川巧が勤めていた韓国林業試験場の後輩たちの手で守られています。

台座正面に「巧の墓」、裏面に「昭和六年四月二日」と浮き彫りにされた墓碑は、巧の愛蔵した青華白磁窓絵草花面取壺を形取って巧の兄・伯教がデザインしたものです。韓国林業試験場一同の名で建てられた石碑には「韓国の山と民芸を愛し、韓国人の心の中に生きた日本人、ここ韓国の土となる」と刻まれています。

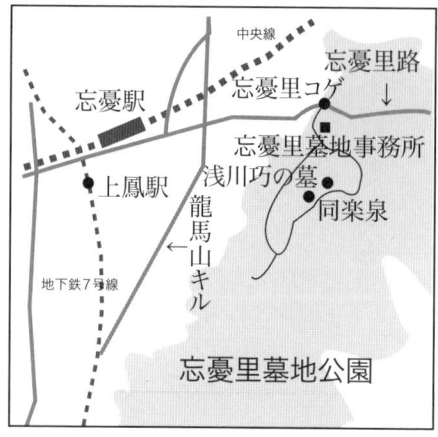

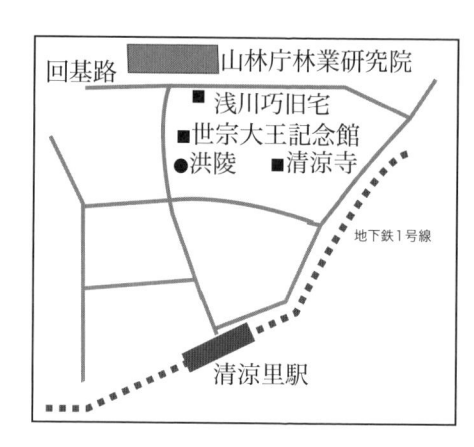

旧居は林業研究院の正門近くにあります。清涼里から約1キロ北に進むと、林業研究院の正門にぶつかります。その前の道を右に折れると、道路の右側に巧が住んだ古い家がありましたが、老朽化して取り壊されました。裏側には緑豊かな小さな丘があって、その上には巧たちがしばしば遊んだ尼寺・清涼寺があります。

職場であった林業試験場（現在は林業研究院と名を変えています）の中庭には、1922年に巧が植えた松が枝を広げています。

浅川巧が信州唐松・樺太松・朝鮮松などを植えて、成育状況の違いを研究した試験林（現在の中部林業試験場）は清涼里から車で約1時間、抱川郡蘇屹邑にあります。ここは森林公園になっています。森林博物館や薬草園・動物園もあります。ここから見る山並みは、まるで山水画のようです。場内には信州唐松で作った丸太小屋もあります。

浅川巧手植えの松

円丘壇

　市庁前広場の南側に面して小さな市民広場があります。右手奥の会談を上ると園丘壇です。ウェスタンチョソンホテル正面左側の庭になっています。別宮があったところですが、1897年、朝鮮王朝が大韓帝国と国号を改め、王が皇帝を称し、元号を光武とするにあたって作ったものです。1914年、朝鮮ホテルを作る時に大部分が取り壊され、現在は、皇帝即位にあたって神位と天に祭祀を捧げた皇穹宇と3つの石鼓が残っているだけです。石鼓の彫刻は朝鮮王朝末期の代表的な彫刻です。北京の皇穹宇の屋根は円形ですが、ソウルのそれは八角形です。

長安坪古美術商街と
三喜古美術商街

　ともに、東大門外の地下鉄5号線踏十里駅の近くにあります。忘憂里の浅川巧の墓参りを終えて、浅川巧の旧居のあった清涼里に行く途中に寄ると、便利です。長安坪へは、駅の4番出口を出て、まっすぐ約400m進み、2つ目の信号を渡ります。そこには、高さ数mのトルハルバン（石の人形）が2体立っています。

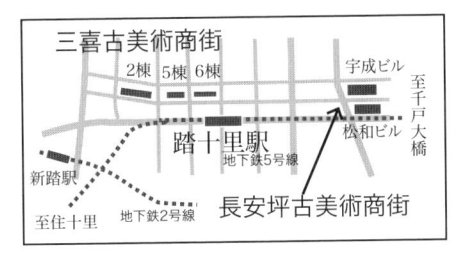

　目の前の7階建ての松和ビルの1階には10店舗以上の古美術商が店を張っています。庭には石造物など、廊下には、半箪笥（パンダジ）や膳・障子など家具が所狭しと並べられています。2階にも2店舗あります。北側には、5階建ての宇成ビルがあり、その1階には20店舗あまり、2階にも約10店舗があります。2階の廊下は家具でいっぱいです。

　仁寺洞がこぎれいになって、古美術商はほとんど姿を消しました。それでこちらに集まってきたという印象です。

　駅まで戻り、4番出口を通り越して、2番出口の所で右折すると、四つ角に出ます。右手前方のビルが第6棟、左手前方のビルが第5棟、その左手が第2棟で、これらが三喜美術商街です。それぞれのビルの1階には、それぞれおよそ、40、20、20店舗があります。

　平日は朝9時から夜8時くらいまで営業しているようです。日曜は大部分が休業。遅くなって開店する店も少しはあるようです。

オンギ民俗博物館

　地下鉄4号線の双門駅からタクシーに乗って徳成女子大の裏門をめざせば、すぐそこです。オンギ（甕器）は、食品の貯蔵・発行・炊事・酒や水の運搬に使われた生活容器です。キムチ甕として知

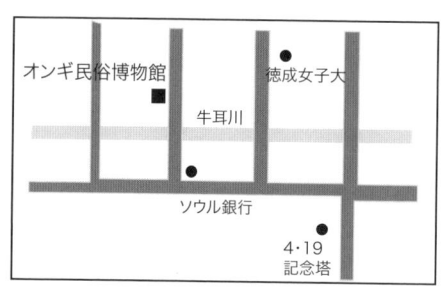

```
オンギ民俗博物館
徳成女子大
牛耳川
ソウル銀行
4・19記念塔
```

られていますが、ここへ来ると、それだけではないことがいっぺんに分かります。1階は事務室兼売店で、資料集や絵葉書などを販売しています。地下1階にオンギの煙突・各地の壺・薬味入れ・やかん・灰皿などが展示されています。2階には半箪笥（パンダジ）・糸車などのほか、遊具や藁細工もあります。

Ｌｅｅｕｍ（サムスン美術館）

　地下鉄6号線の漢江鎮駅1番口を出ると、案内板があります。150メートルまっすぐ進んで最初の角を右にまがって坂道を登ると、右側にあります。2004年に開館しました。ここは前日までの予約が必要ですので、ホテルの案内に予約を入れておいてもらうとよいでしょう。電話は02-2014-6901です。韓国古美術の展示場と近現代美術の展示場とに分かれており、古美術の展示場はさらに4つの階に分かれています。エレベーターで4階に昇って、見学しながら1階に降りてきます。かつて湖巌美術館にあった名品の多くがここに移されています。国宝や宝物に指定されているものがたくさんあること、所蔵品の多さでも私立博物館のなかでだんぜんトップです。

　4階には青磁辰砂蓮華紋瓢形注子、青磁陰刻蓮華文梅瓶、青磁陽刻竹節文瓶、青磁象嵌龍鳳牡丹紋蓋盒などの青磁が27点も展示されています。3階には粉青沙器象嵌牡丹紋や粉青沙器剥地蓮華文扁瓶などと、青華白磁竹文角瓶、青華白磁梅竹文壺などの白磁が、2階には、金剛全図、仁王霽色図などの古書画、1階には金銅菩薩三尊像、金銅弥勒半跏像、阿弥陀三尊図、金銅大塔、金冠および付属金具などの仏教美術・金属工芸が展示されています。

金銅弥勒半跏像

国立中央博物館

　景福宮にあったものが龍山に移転し、2005年10月に開館しました。地下鉄4号線の二村洞駅の2番出口から博物館正門までは150メートルです。世界で6番目の大きさで、単一の建物としては世界最大の博物館です。正面の端から端まで（東西）は404メートル、1万1千点（いままでの約3倍）が展示されているので、全部見ると11時間かかると言われています。制限された時間で見たいものを見るには、博物館全体の概要と、何がどこに展示されているかを知っておくとよいでしょう。

　展示室は3階に分かれており、1階南側が考古館、北側が歴史館、2階南側が寄贈館、北側が美術1館、3階南側がアジア館、北側が美術2館と、6館構成

になっています。

　1階南側の考古館の最初は旧石器室、ついで新石器室です。朝鮮半島に新石器文化が登場するのは紀元前8000年ごろ、青銅器文化の開始は紀元前10世紀ごろと言われています。鉄器文化の伝来は紀元前3世紀です。原三国室には、馬韓・辰韓・弁韓時代の鴨形土器があります。高句麗室には、延嘉7年銘の金銅仏立像があります。延嘉7年というのは高句麗独自の年号と推定されています。百済室には、百済金銅大香炉、山水文塼などが展示されています。伽耶室には金銅製の装身具などです。統一新羅室には新羅土器があります。騎馬像の酒注子が有名です。廊下に出ると、東側の端に敬天寺址10層石塔があります。タプコル公園（→51頁）の石塔のモデルになったものと言われています。一時日本に搬出されて、戻されたことでも知られています。北側の歴史館に回ると、慶州皇南古墳出土の金冠があります。

　2階南側に登り寄贈館に行くと、井内功室、八馬理室、金子重量室などがあり

金銅三冠弥勒半跏思惟像

陶製騎馬人物像酒注子

ます。日本人の寄贈に博物館側が報いたものです。私はいつの日か、柳宗悦・浅川兄弟室が設置されることを望んでいます。隣に朴秉来室があります。文房具とくに水滴がたくさんあります。陶磁器が好きな人には見逃せない室です。北側の美術1館に移ると、木漆工芸室があります。絵画室には金弘道の風俗図帳が展示されています。

　3階南側がアジア館で、新安海底文化財室があり、海底から引き揚げられた中国の青磁などを見ることができます。北側が美術2館で、一番奥に半跏思惟像が展示されています。有名な金銅弥勒半跏思惟像二つ（三冠のものと塔冠のものがあります。前者は京都の広隆寺のそれと似ている

ことでも知られています）を六ヶ月交代で展示することになっています。前者は1912年に李王家博物館が梶山義英という正体不明の人物から買い入れた物、後者は居留民総代・渕上貞助が寺内総督に献上したものと言われています。

仏教彫刻室、金属工芸室が続き、最後が青磁室、粉青沙器室、白磁室です。高麗磁器には中国のそれと比較して、次のような特徴があります。①色が美しく（翡色）、明るく、軽く、やわらかく、温かい、②象嵌がある、③曲線、特に肩から胴裾にかけてのＳ字状曲線、④細身で繊細。①の色が美しく、明るいのは、釉薬が薄く、材料がよかったためでしょう。②の象嵌ができたのは、土の種類が多かったためです。モンゴルの侵入や倭寇によって衰えたと言われています。青磁陰刻蓮唐草文梅瓶、青磁透彫七宝文蓋香炉、大きく象嵌した青磁象嵌牡丹文壺、逆象嵌された青磁象嵌宝相華唐草文鉢などが置かれています。青磁瓜形瓶は大阪東洋陶磁美術館にあるものと瓜二つです。

粉青沙器は、高麗末期から朝鮮初期（14～16世紀）にかけて造られました。高麗青磁と違って簡単に作ることができたので、庶民も使用したようです。鶏龍山（→77頁）の山麓などで造られた印花文や鉄絵の鉢や瓶が展示されています。人によっては粗放だと言いますが、自由で大胆な絵が特色です。粉青沙器象嵌雲竜文壺は国宝です。

白磁は主として広州（→63頁）で焼かれました。17世紀には鉄砂が、18世紀には辰砂が、19世紀には青華（染付）が流行しました。代表的な作品に白磁葡萄猿文壺があります。大きなタルハンアリ（月壺・大壺）も見事です。

青磁象嵌宝相華唐草文鉢

京畿道

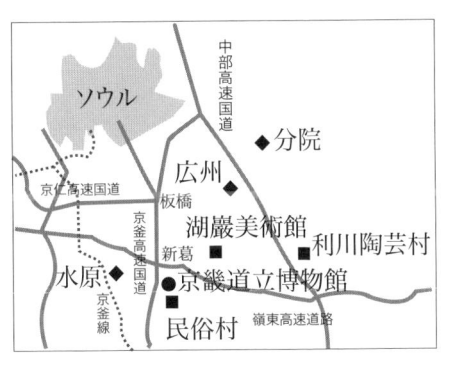

窯)。

　浅川巧が柳宗悦らとともにここの窯跡をめぐったのは、1922年9月のことでした。巧は1927年の4月にも、兄・伯教とともにここを調査して、その結果を「窯跡めぐりの一日」(『大調和』1927年12月号)という文章にまとめています。この論文は『浅川巧全集』(草風館・絶版)に収められています。

　巧はこの論文で、まず、34か所の窯跡を紹介しています。ついで、各窯の特色を挙げ、さらに、変遷について述べています。文房具や化粧道具に朝鮮独特の「雅味」を認めて、それは「朝鮮人の持つ温き静かな感情を表徴するもの」だとしています。

　最後に、次のように書いているのが巧らしいところです。

　「今若し此の地に於いて再興すべき途ありとすればそれは残る善良なる陶工の

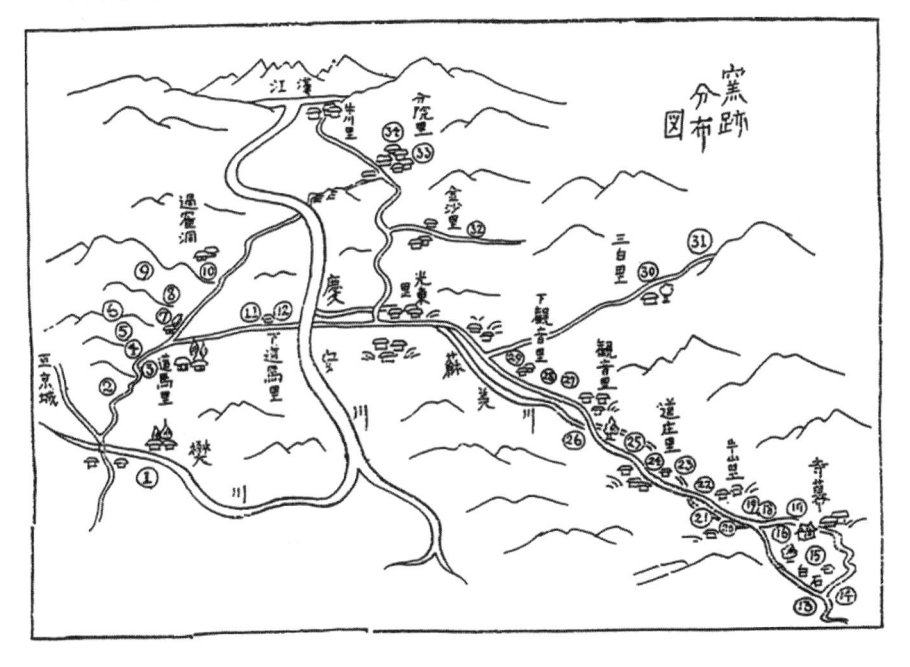

分院窯跡

　分院というのは、朝鮮朝(李朝)時代、司甕院の分院があった所です。王宮などで使う白磁の製造を司っていました(官

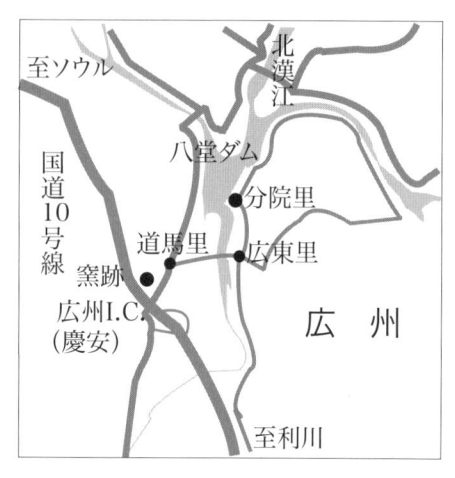

団結によって郷土の土を以て素直な仕事を小規模に始めることだと思う」

さて、ソウルからの高速道路を広州（慶安）のインターチェンジで降りると、巧が描いた「窯跡分布図」（前頁）の②上樊川里の北方・俗称祭谷（サンチェコル）の入口です。ここには簡単な建物があって、復元された窯跡が保存されています。鍵がかけられていますので、見学したい人は広州市の窯跡管理所（031-760-2067）にあらかじめお願いしておきましょう。

道馬里・下道馬里・広東里を経て、分院里に向かいますと、道路の西側はダムによって作られた湖水・八堂湖です。分院里は昔は避暑地であったところで、川魚料理の店が並んでいます。バスを降りると、分院陶窯址とハングルで書いた石碑が建っており、そのすぐ裏に分院小学校があります。この一帯が窯場でした。陶磁器の破片はその周囲、裏山へ上がる道に散らばっていました。

なお、分院小学校の裏の台地に建てられた分院白磁資料館で発掘された陶片が展示されています。

分院里の窯跡は、末期のそれですが、ほかにもたくさんの窯跡があります。分院窯跡踏査記としては、徐萬基『探訪・韓国陶窯址と史蹟』（成甲書房、1984年）があります。最も優れた製品が焼かれた金沙里の窯跡などについても比較的詳しく書いていますし、「浅川伯教・巧兄弟」に一節を割いています。

利川陶芸村

ここは、解放（1945年8月。光復ともいいます）以後に形成された陶磁器の街です。窯も350くらいありますし、売店も軒を連ねています。

一時代前、ここには、柳根瀅（号は海剛）と池順鐸という2人の名匠がいました。

分院陶窯址記念碑

今は2人とも故人になっています。

柳は海剛陶磁美術館を残し、池は作品展示室を残しました。池は若き日、浅川伯教に勧められて陶芸の道に入り、一緒に窯跡を回って昔の作品に学び、初めて作った品を伯教に買ってもらったといいます。いわば伯教の弟子でした。

2人のいたところは、利川市の中心部から数キロほどソウル方面に戻った水広里です。今でもその付近にはいくつかの窯元が集中しています。また、民俗陶磁器総合展示場もあります。

池の弟子だった人に趙誠主さんがいます。今は曾日里で宝林陶苑を開いています。趙さんは池から、浅川兄弟や柳宗悦の話をよく聞かされたそうです。

韓国民俗村

民俗村は朝鮮朝時代の生活を再現したいわば朝鮮村です。各地の民家や職人たちの生活ぶりを見ることができます。約30万坪の敷地に275軒の建物ですから、一日いてもあきません。

案内図をもらって、それを片手に見学しましょう。陶磁器工房、北部地方の農家（木綿織り屋）、南部地方の屋敷（伝統結婚式場）、南部地方の農家（竹工房）、両班屋敷、北部地方の民家（韓紙工房）、市場、官庁などがあります。工房では韓紙などを買い求めることができますし、市場では食事をすることもできます。

11時半から午後1時にかけて、村の中央にある公演場で、伝統曲芸・農楽・綱渡り・伝統結婚式などが行われます。

龍仁市にある民俗村には、水原駅から無料のシャトルバスが運行されています。片道約40分です。

水原城

近くの水原には城があります。18世紀の末、時の王様が遷都するつもりで完成させたものですが、重臣たちの反対に

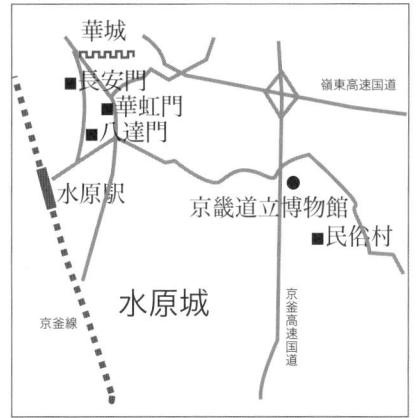

民俗村民家

水原城

よって実現しませんでした。有名な学者・丁若鏞がヨーロッパの築城技術を取り入れて築城したことで知られています。ユネスコの世界遺産に登録された水上楼閣・華虹門はとりわけ優雅です。

京畿道博物館

京畿道博物館

　水原から龍仁方面に向かうと途中に新葛十字路があります。それを右折し民俗村方面に向かって300メートルのところにあります（地図→65頁）。まず、2階に上がると、自然史室があります。ついで、考古美術室があり、旧石器・土器・青銅器・鉄器のほか、青磁・粉青・白磁も展示されています。文献資料室では、版木・経本・地図を見ることができます。大方広仏華厳経は国宝に指定されています。1階に降りると、民俗生活室があります。ついで書画室があり、肖像画・山水図・民画があります。寄贈遺物展示室には、李慶景四櫃蔵（宝物）が展示されています。

仁　川

　地下鉄ソウル駅から約1時間、終点の仁川駅で降りると、そこは約120年前、仁川開港当時の中国人居留地です。今も中華料理店が軒を連ねています。その東側が日本人居留地の跡です。今でも当時の銀行の建物や日本家屋が残っています。

　市の北方、仁川空港とソウルを結ぶ道路の近く、慶西洞の仁川国際ゴルフ場の中に高麗時代の緑色青磁の窯跡があるというので、タクシーで行ってみました。窯跡には屋根がありましたが、発掘した跡は窪地になっていて、草ぼうぼう。何もうかがい知ることはできませんでした。しかし、近くに小さな資料館があって、1階では発掘された陶片を展示していました。2階では陶芸教室が開かれています。

　市立博物館や松巌美術館がありますが、わたしが仁川を訪問した時はお休みでした。

英　陵

　朝鮮王朝代4代の王様・世宗と王妃の墓です。王と王妃の墓が一緒なのは珍しいようです。世宗はハングルの創製者として知られ、1万ウォン札の肖像画になっています。陵の両側に石段があって、登ると、石人や石獣・石塔を間近に見ることができます。また、遠景を望むこと

英　陵

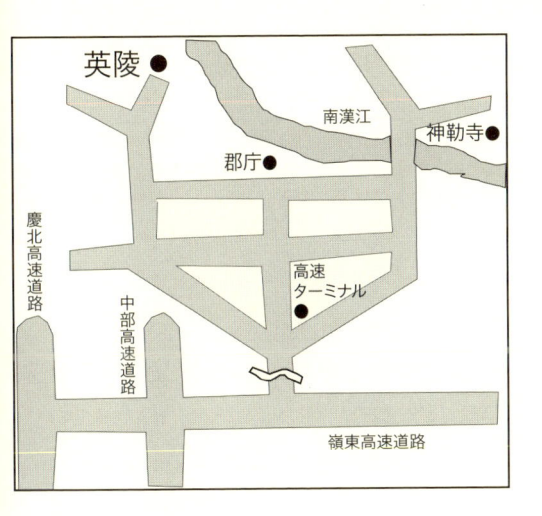

で、陵墓がいかに素晴らしいところに作られたかがわかります。清涼里の浅川巧旧宅のすぐ近くには世宗大王記念館があります。

なお、近くには日本の大陸浪人らによって暗殺された高宗の妃・閔妃（おくりなは明成皇后）の生家があり、ちいさな記念館があります。

神勒寺

新羅時代に創建されたと伝えられています。英陵墓を守る寺です。1472年に大理石で作られた重厚な8層石塔の壁面に彫られた彫刻が見事です。1326年に作られた塼塔には唐草紋・宝相紋が見られます。12層の減縮度も見所です。普済尊者石鐘は1379年に製作された物で、朝鮮朝石鐘の祖形とされています。飛天像が見所です。南漢江の川辺にあり、景色の美しいところです。

忠　清　道

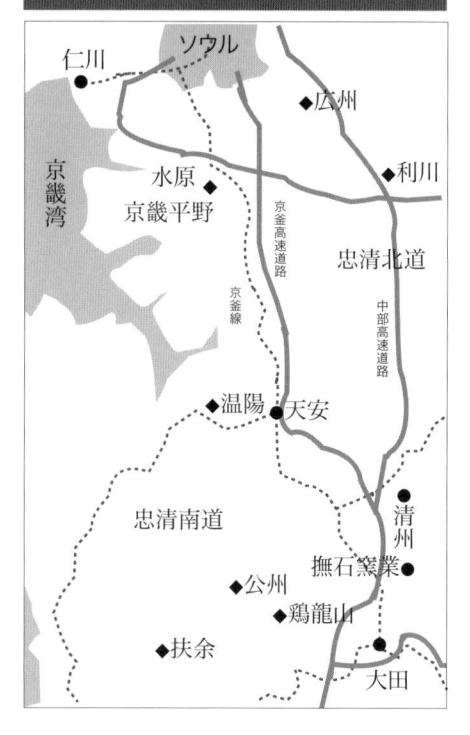

（地図：仁川、ソウル、広州、京畿湾、水原、京畿平野、利川、京釜高速道路、京釜線、忠清北道、中部高速道路、温陽、天安、忠清南道、清州、撫石窯業、公州、鶏龍山、扶余、大田）

温陽民俗博物館

　ソウルから高速バス、または鉄道で約1時間半、南へ下ったところ、忠清南道牙山市に、韓国で最も古い温泉地である温陽温泉があります。ここは、はるか百済時代からすでに温泉が湧き出していたといわれ、現在も、温陽温泉駅の周辺には、温泉浴を楽しむ観光客のための各種宿泊施設が林立しています。
　温泉ももちろん魅力的ですが、温陽を訪れたらぜひ見ておきたいのが、温陽民俗博物館です。この博物館は、大手出版社の啓蒙社により1978年に創設されたものですが、その設立理念として、有形の民俗資料を体系的に収集・保存・展示することによって、韓民族の文化を後世に伝えること、伝統的な要素を今日に甦らせること、世界の中での韓国文化の独自性を明らかにすることが謳われています。そして、展示内容は、この理念に恥じない質・量を備えているといえるでしょう。
　館内の構成は次のようになっています。
[第1展示室]
〔韓国人の一生〕
　ここでは、韓国人が一生の間に迎えるさまざまな通過儀礼（誕生と成長、婚礼、職業と回甲［還暦］、葬式、祭祀など）を、実寸大の人形や多くの展示品によって再現しています。先祖の位牌を納めると呼ばれるもの（日本の仏壇にあたる）や、朝鮮時代の人の一生を十二幅の屏風絵に表した平生図なども展示されています。
〔食生活〕
　韓民族の食生活に関わるあらゆるもの（食器、膳、厨房器具、飯とキムチ、餅と菓子など）が、実物と模型とによって紹介されています。特に興味深いのは、朝鮮半島各地の代表的な郷土料理が、蠟細工の模型によって再現されていることです。
〔住生活〕
　韓民族の住空間の成り立ち（アン房［寝室兼主婦の仕事部屋］、舎廊房［主人の部屋兼応接間］など）がよくわかるよう、部屋全体がそのまま再現されています。
〔衣生活〕
　年齢や性別、階級によってさまざまに異なる、韓民族の衣生活（衣服、髪形、靴、装身具、化粧品など）に関するコーナーです。今では職人が少なく貴重品となった、男性用の馬の毛のかぶりものも各種

展示されています。
[第2展示室]
〔生業〕
　朝鮮半島における主要な生業である農業、狩猟・採集、機織り、漁業、鍛冶に関する展示室です。その中でも農業に使われた道具類が豊富で、日本の鎌によく似た農作の道具が目を引きます。朝鮮半島から日本への農業の伝播を裏付ける、生きた資料といえるでしょう。
[第3展示室]
〔民俗工芸〕
　韓民族による工芸品の展示コーナーです。展示品は金属工芸、華角張り（水牛の角を細工したもの）、螺鈿、紙、陶磁器、刺繍、石・木工芸など、多岐に亘っています。国立の博物館にあるような国宝級のものは見られませんが、庶民によって作られた身近な道具たちに出会えるという意味で、柳らの設立した朝鮮民族美術館の精神を、今に引き継いでいる貴重なコーナーといえます。
〔民間信仰と娯楽〕
　韓民族の民間信仰と娯楽に関するコーナーで、展示の項目は、村の祭事、巫俗信仰、民俗仏教、家庭信仰、占いと呪術、遊びと賭け事、歳時風俗、人形劇、仮面劇、民俗音楽、農業となっています。韓国各地から集められた仮面劇用の仮面のコレクションか

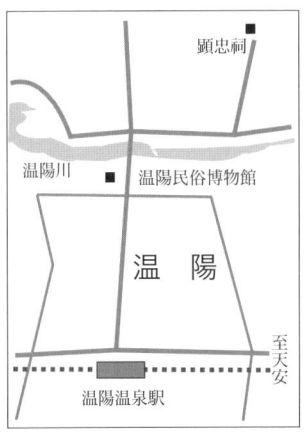

温陽民俗博物館

らは、民衆のユーモアとエネルギーが感じられます。
〔学術と制度〕
　ここには、朝鮮時代の儒教重視の政策の影響から発達した文房具（紙・筆・墨・硯）、木版・金属活字印刷術や、天文・地理学、医学、商業に関する資料が展示されています。
[特別展示室]
　展示内容は、特別企画展の開催時、変更されることもあります。
〔退湖遺物室〕
　朝鮮時代末期、高宗代の文臣、李貞烈（1865～1948）の遺物のコレクションが展示されています。
〔民画室〕
　朝鮮時代に描かれた民衆のための絵、民画は、中国絵画の枠組みを離れた、独自のものとして知られています。ここのコレクションの主要な作品は、虎、鳳凰などの鳥獣、十長生（石、松、鶴など長寿を象徴する10種のもの）、文房具と文字などを画材としています。
〔野外展示場〕
　館外の敷地内には、済州島のトルハルバンなどの石像、韓民族のトーテムポールといえる木彫りのチャンスンなどがあ

り、また、古い農家の建物も移築されています。

以上のように、温陽民俗博物館は、韓民族の習俗、特に一般民衆のそれを知るためには、比類のない優れた博物館であるといえます。残念なのは、館内の展示物の表示、図録などが、ほとんどすべてハングルで書かれていることですが、ハングルが読めない人は、豊富な展示品を見るだけでも、十分訪れる価値はあるでしょう。

［交通］温陽温泉駅より徒歩約20分。市内バスもあり（顕忠祠方面）。

李舜臣顕忠祠

温陽中心部から北へ4キロの静かな山あいに、忠武公李舜臣将軍を祀る顕忠祠があります。李舜臣将軍は、日本による朝鮮侵略である壬辰・丁酉倭乱（文禄・慶長の役）で、日本の艦隊を撃破した海軍司令官であり、韓国の国民的英雄といえる人物です。顕忠祠は、この忠武公の偉勲を称え、護国独立の精神を育む場所として、1706年、公が青年時代を送ったこの地に建立されました。日本の植民地時代に祠堂は一度廃れてしまいましたが、1936年には再建され、1970年代に総合的な造景工事が行われ、現在に至っています。

ここに足を踏み入れた人の多くが、その敷地の広大さ、景観のすばらしさに驚かされるはずです。時折野性のリスも姿を見せる構内には、本殿を始め、忠武公の旧居、愛用の井戸など、公にゆかりの史跡があり、また、遺物館では、公が壬辰倭乱時、陣中で記した『乱中日記』（国宝）などの貴重な資料も観覧できます。

李舜臣顕忠碑

公の墓は、顕忠祠の西北約九キロの牙山郡陰峰面に所在。

韓国には今も、先祖・先達を厚く敬愛する文化的風土が生きています。現在、ソウルの忘憂里にある浅川巧の墓が、没後75年の永きに亙り、この国の人々によって大切に守られてきたという事実も、こうした伝統と切り離して考えることはできません。顕忠祠を訪れれば、そんな韓国文化の一端を肌で感じることができるでしょう。

［交通］温陽温泉駅または高速・市外各バスターミナルから、タクシーまたは市内バス（顕忠祠方面）利用。

なお、温陽の項の作成にあたっては、柳英浩さん（大田大学日語日文学科出身）の協力を得ました。

国立扶余博物館

百済最後の王都、扶余は、ソウルから高速バスで約3時間30分、忠清南道の南西部に位置しています。現在は静かな田舎町といったたたずまいですが、町のそこここに、かつての繁栄のあとが偲ばれる史跡が点在し、訪れる観光客の人気を集めています。

扶余の町はさほど大きくなく、丸1日あれば一通りの見所を回ることができますが、その中でも、近郊の遺跡からの出土品が多数展示されている国立扶余博物館は、百済文化を知る上で欠かせないところです。館内の構成は次のようになっています。

〔第一展示室〕（古代の生活と文化）

ここには、百済成立以前の青銅器時代（BC6〜3世紀）、鉄器時代（BC2世紀前半〜紀元前後）の遺跡からの出土品が展示されています。主な展示物は、石棺・甕棺墓、竪穴式住居、青銅器時代の石器、土器、青銅剣、青銅鏡、鉄斧などです。

〔第二展示室〕（百済の生活文化）

百済の生活文化を文字、土器、度量衡、戦争と武器、金属工芸、百済金銅大香爐とに分けて、当時の百済人の生活の様子がうかがえる多様な遺物を展示しています。なお、百済はその成立と滅亡までに、2度の遷都を行っており、百済文化は、それぞれの都の名をとって、漢城時代（BC18〜AD475年）、熊津時代（AD475〜538年）、泗沘時代（AD358〜660年）の3期に分けられます。漢城は現在のソウル市、熊津は忠清南道公州市、そして、泗沘の都が現在の扶余にあたります。従って、ここでの展示は泗沘時代の遺物が中心となっています。主な展示物は、三足土器など百済的特徴をよく表している土器類、昌王銘石造舎利龕（国宝）などです。

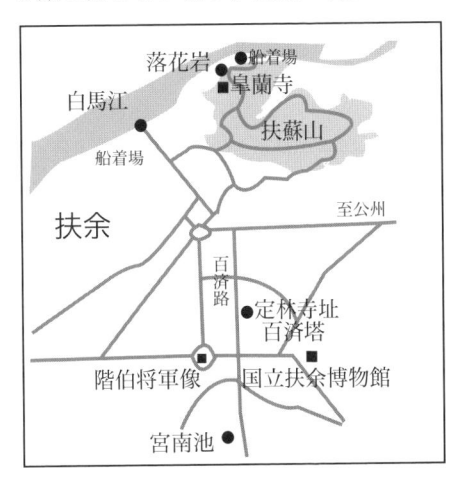

〔第三展示室〕（百済の芸術世界）

百済の芸術世界がうかがえる仏像および工芸品、建築に関わる重要遺物を紹介する展示室で、展示内容は、仏教彫刻、対外交流、装身具、建築・瓦塼に区分されています。主な展示物として、軍守里石造如来坐像などの仏教彫刻、中国との関係を示す青磁片や盤龍鏡、銀製冠飾りなどの装身具、蓮花文瓦当などがあります。

［朴万植教授寄贈室］

この展示室は、建築工学博士、朴万植教授（忠南大学校工科大学）から寄贈された土器のコレクションで構成されています。これらの土器の大部分は、忠清南道論山市連山邑一帯で出土したもので、学術的な価値が高いのはもちろん、破損の少ない、いい状態のものが揃っています。土器に関心のある人は必見のコレクションといえるでしょう。

［野外展示遺物］

博物館の建物の周辺および中庭には、

宝物に指定されている扶余石槽（石槽とは、貯水用容器として、また、食器洗いや蓮を育てるために使われる石製の器のこと）を始め、多くの石造遺物が展示されています。

　以上のように、豊富な展示物を備えたこの博物館を見れば、百済という時代について、多くのことを学べるでしょう。
［交通］扶余市外バスターミナルから徒歩約15分。
所在地　忠清南道扶余郡扶余邑東南里山16-1　電話 (041) 833-8561-3
http://buyeo.museum.go.kr

定林寺址

　百済を代表する寺院の跡地で、建物は惜しくも百済滅亡とともに失われましたが、創建当時に立てられた五層の石塔（百済塔、国宝第9号）と、高麗時代の石仏（毘盧舎那仏）の二つが遺されています。特に石塔は、長年の風雪にさらされて摩耗・変色が進んでいますが、朝鮮半島の石塔の嚆矢ともいえる貴重な遺物です。

　なお、定林寺という寺名は、1942年の発掘調査の際に出土した、高麗時代の瓦の銘文に「太平八年　定林寺」とあったことから推定されました。伽藍の配置は中門、塔、金堂、講堂が南北に一直線に並ぶいわゆる一塔形式で、これは日本では四天王寺形式と呼ばれているものです。

　広い構内にポツンと遺された石塔を見つめていると、かえって百済滅亡時の戦乱の激しさが生々しくよみがえってくるようで、「夏草や　兵どもが　夢の跡」という芭蕉の一句がふと頭をよぎります。
［交通］扶余市外バスターミナルから徒歩約5分。

宮南池（史跡第135号）

　百済武王35年（634年）、王宮の南に造営された池で、『三国史記』にも関連の記録がみられます。当初の池の大きさははっきりしませんが、現在の宮南池は、1965年に復元されたもので、元々の池よりも小さくなったと考えられています。池の中央には、1975年に建てられた亭子（東屋）があり、そこに掛けられた扁額は、扶余出身の政治家、金鍾泌氏の手になるものです。

宮南池

　今はのどかな田園風景に囲まれ、百済王宮の繁栄はいずこといった趣の宮南池ですが、池の岸辺に生い茂るみごとな柳の大木が、往時の面影をしのぶよすがとなっています。
［交通］扶余市外バスターミナルより徒

定林寺址百済塔

歩約25分、またはタクシー利用。国立扶余博物館からは徒歩約15分。

扶蘇山

　扶余の市街地の北東に位置する扶蘇山は、泗沘時代の王宮がおかれていた所で、山の南麓から、百済時代の建物址、池址、下水道、道路などが発見されています。現在の扶蘇山は、ハイキング・コースが整備され、史跡をたどりながら気軽に山歩きを楽しむことができる場所となっています。扶蘇山への入り口は次の3つ。旧博物館の裏手、より少し東寄りの泗沘門、山の北側を流れる白馬江に面した皐蘭寺です。

　ここでは泗沘門の入り口からのコースを簡単に紹介しましょう。まず入り口で入山料を払い、数分歩くと、道が二つに分かれます。左に行くコースは、終点の皐蘭寺まで約30分で行ける近道です。途中に、扶余の街を一望できる半月楼があります。右のコースはそれよりかなり遠回りになりますが、途中、三忠祠、迎日楼、軍庫址などの史跡を見ることができ、半月楼の付近で前者のコースと合流するようになっています。（所要時間は片道約1時間）

　どちらのコースをとっても、扶蘇山に登るならぜひ訪れたい落花岩へ行くことができるので、時間の余裕と体力に合わせてコースを選ぶとよいでしょう。落花岩は、百済の滅亡時、そこから3,000人の官女が白馬江に身を投げたという伝説のある岩で、そこからの白馬江の眺めは最高です。さらに200メートルほど下ると、終点の皐蘭寺に出ます。この寺名は、本堂の裏に自生するシダの一種、

皐蘭草に由来しており、その名にちなんだ湧き水の皐蘭水は、百済の王が愛飲したといわれています。なお、皐蘭寺の石段を下りると、白馬江の遊覧船の船着き場があり、川下りを楽しむこともできます。

［交通］扶余市外バスターミナルから徒歩約15分、またはタクシー利用（旧博物館裏手および泗沘門）。

［白馬江遊覧船］皐蘭寺〜クドゥレの里（所要時間10分、出発随時）、皐蘭寺〜水北亭（所要時間25分、7名以上集まったら出発）

　扶余の項の作成にあたっては、印成珠さん（大田大学日語日文学科出身）の協力を得ました。

公山城

　忠清南道公州市は、百済の2番目の都（熊津）として栄えた所で、市内及び近郊にはその関連の史跡が多く遺されています。高速バスでソウルから約2時間20分、同じ忠清南道の道庁所在地である大田からは、ほぼ1時間の距離ですが、大田方面から公州市内に車が入ると、市

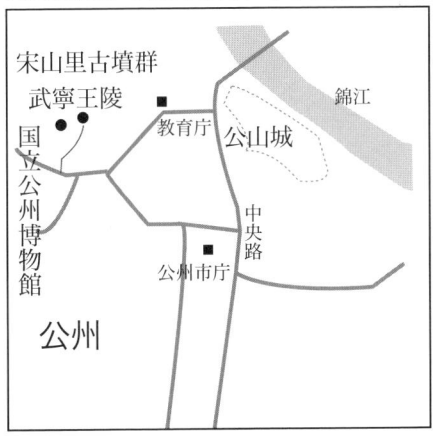

公山城

のシンボルとなっているクマの、何とも微笑ましいイラスト入りの案内板が、訪れる人を迎えてくれます。

　泗沘時代の王宮のあった扶蘇山については、扶余の項に書きましたが、ここ公州にもかつて百済の王宮が築かれました。それが公山城です。公山城への入り口は西門のみですが、ここの前には駐車場と観光案内所があります。この案内所には、日本語のできる案内員が駐在し、日本語の地図も用意されているので、立ち寄ってみるとよいでしょう。

　公山城内には多くの史跡があります。その主なものを紹介します。

〔雙樹亭〕朝鮮時代の英祖10年（1734年）、観察使李壽沆が、乱を避けてしばらくここに滞在した仁祖のために建立した東屋。1970年に解体修理されました。

〔推定王宮址〕百済時代の王宮址。現在は芝生で覆われています。

〔臨流閣〕百済東城王22年（500年）、王宮の東に建立した楼閣で、王と臣下の宴会場所として使用されました。現在の建物は、1990年代に再建されたものです。

〔東門址〕公山城の四方の門のうちの一つ。創建当時のものは現存せず、今あるのは1980年の発掘調査によって発見された遺構をもとに復元したものです。

〔光復楼〕元来は北門の横にあり、山城内に駐屯する軍隊を指揮した中軍営の門楼でしたが、日本の植民地時代に現在の場所に移され、雄心閣と呼ばれていました。1946年、大韓民国臨時政府主席の金九らが解放を記念して今の名称に改めました。

〔霊隠寺〕創建は百済時代ともいわれますが、文禄の役で記録が焼失したため、正確なことは不明です。現在の建物は朝鮮時代世祖4年（1458年）に建立されたもので、文禄の役の際に僧兵の合宿所として使われました。

　これらの史跡は、ここに書いた順番で回れば、2時間ほどで見ることができるでしょう。

〔交通〕公州市外バスターミナルより市内バスで約15分。

宋山里古墳群（武寧王陵）

　公山城の西側に、石造りの洒落たアーチ型門があります。その門をくぐってさらに西へ進むと、右側に丘陵地帯が見えてきます。この丘に宋山里古墳群があります。この古墳群は、熊津に都のおかれていた時期の、5代の王と王族の陵墓であり、百済中期のさまざまな文化的背景を今に伝える貴重な史跡です。特に武寧王（在位501～523年）とその王妃の墓は、盗掘にあっていない完全な状態で発掘され、「韓国考古学上最大の発見」といわれました。

　宋山里古墳群の古墳は全部で7基（1号墳～7号墳。武寧王陵は7号墳）ありますが、古墳の内部構造は二つのタイ

プに分類されます。その一つは石造りの石室墳（1号〜5号墳）、もう一つのタイプ（6号・7号墳）は塼築墳と呼ばれるもので、塼という瓦に類似した用材を積み上げて造られています。この様式は、中国南朝の梁の影響を示すものといわれます。これらの古墳は、史跡保護のため、残念ながら現在はいずれも内部の見学はできません。ただし、5〜7号墳は外部からの見学ができるよう整備されています。

武寧王陵

さらに、5〜7号墳のすぐ下には、武寧王陵の「模型館」があり、王と王妃の墓の内部が、発見当時そのままに再現されています。また、出土品一覧表、発見時遺物配置図とともに、木棺、誌石（墓の被葬者、埋葬の年月日を記した石板）、金製冠飾を始めとする装飾品、石獣などの副葬品を複製したものが展示されています。これらの副葬品の実物は、国立公州博物館で見ることができます。

5〜7号墳の敷地内には専用駐車場が整備され、見学のための便宜が図られています。また、見学所の入り口には、映像弘報室があり、ここでは公州の観光案内の映画（日本語・約10分）を見ることができます。希望する場合は、弘報室の係の人に尋ねてみてください。

［交通］公州市外バスターミナルよりタクシー利用が便利（約5分）。公山城からは徒歩10分。

コムナル

公州と熊との深いつながりは、もちろん熊津という地名によく現れていますが、その名がそこから由来するかと思われる1つの伝説が、この地の人々に語り伝えられています。それはこんな話です。

昔むかしのこと、錦江の流れが南東の方へ渦巻き、余美山を望む渡し場で、ある男が大きな雌の熊に捕われ、いつしか男は熊との間に赤ん坊までもうけたのであった。ところが男はある日、川を渡って逃げてしまい、天が崩れ落ちるほど落胆した雌熊は、子どもと共に川に身を投げた。その場所は水の流れが変わる所で、船は幾度となく転覆するのであった。熊の怨恨のためだろうかと、人々は毎年熊の供養を欠かさなかったが、事の始まりは遥か百済にまで遡るという。

この伝説があったと伝えられる場所、それが「コムナル」です。「コムナル

「コムナル」・コム祠堂

とは韓国語で「熊の渡し」という意味なのです。今、「コムナル」は訪れる人もほとんどいない、静かな錦江のほとりですが、熊を祀った小さな祠と、この伝説が刻まれた石碑が一つ建っています。博物館に並ぶようなきらびやかな宝物はここにはありませんが、昔と変わらぬ錦江のゆったりとした流れを見つめながら、百済のロマンに浸りたくなる場所です。
［交通］武寧王陵から徒歩約10分。

国立公州博物館

国立公州博物館

国立公州博物館は、大田・忠南地域で出土した1万点を超える文化財（国宝19点、宝物3点を含む）を所蔵し、その中でも学術的価値の高い重要遺物を公開しています。2004年5月、公州市内他所より現在の武寧王陵近くに移転、建物も新築されるとともに、展示内容も新しくなりました。展示室の構成は次のようになっています。
〔第1展示室：武寧王陵〕
　武寧王陵より出土した遺物のための展示スペースで、被葬者である武寧王と王妃のための副葬品が中心になっています。主なものとしては、王・王妃の金製の冠飾・耳飾り、王妃の金製首飾り、誌石、石獣、青銅製の神獣文鏡（以上すべて国宝に指定）など、さらに木棺、金銅飾履（靴）、頭枕、足座などがあります。武寧王陵はいわゆる三国時代の陵墓としては唯一、被葬者が判明しているという点で、考古学上も注目される存在ですが、これらの出品は百済の宮廷文化の様相を知る上で貴重な資料といえるでしょう。
〔第2展示室：熊津文化室〕
　百済が熊津に都を置いた時代（AD475〜538）を中心に、この地域に成立した住居、墓所、対外交流関連の資料を紹介するスペースで、展示内容は以下のテーマに区分されています。
〈熊津百済の黎明〉百済の熊津遷都以前にこの地域に栄えた馬韓文化を紹介。土器、鉄器、金製装身具などを展示。
〈熊津の王と貴族たち〉熊津遷都後、この地方の土着貴族文化と中国文化を受容し、新しく形成された百済の王室・貴族文化を紹介。三足土器、銘入りなどを展示。
〈国際都市・熊津〉東城王、武寧王時代の熊津の国際的な対外交流のあり方を示す資料を、中国、日本、新羅といった国別に紹介。蓮花文瓦当、中国製青磁などを展示。
〈雄飛する熊津百済〉熊津に都が置かれた63年間の百済の様相を、熊津都城の経営と泗沘都城の建設準備の痕跡を示しつつ紹介。木簡、黒漆杯などを展示。
〈百済の仏教美術〉百済人の精神世界に大きな位置を占めた仏教について紹介。金銅観音菩薩立像、癸酉銘千仏碑像などを展示。
〔野外展示場〕
　本館建物の前に位置し、公州一円で出

土した多くの石造遺物が展示されています。主なものとしては、公州・大通寺址出土で宝物に指定されている石槽や、公州・西穴寺址出土の石造如来坐像などがあります。

〔交通〕

公州市外バスターミナルから市内バス利用、博物館正門下車。
所在地：忠清南道公州市熊津洞360
電話（041）850-6360, 850-6300
http://gongju.museum.go.kr

鶏龍山鶴峰里陶窯址

前項で紹介した公州市と、忠清南道の主要都市である大田広域市との境に、鶏龍山国立公園があります。この一帯には、その名の通り、頂上に鶏のとさかのような切り立った岩肌を有する鶏龍山を中心に、美しい自然の織り成す景観が広がり、その中には柳と浅川兄弟ゆかりの史跡や名刹が点在しています。また、国立公園の東の玄関口には、韓国でも有数の温泉地、儒城温泉があり、史跡巡りと温泉の両方を満喫することができます。

さて、この本を手に取られた読者の方ならば、李朝のやきものに関心をお持ちでしょうか。李朝もののファンならば、「鶏龍山」と聞いてすぐ頭に浮かぶのが、あの独特の図柄をもった鉄絵徳利でしょう。それが焼かれた場所こそが、まさにこの鶏龍山の山麓にあった窯でした。この地に築かれた窯場は、鶏龍山の東側を中心に何箇所かあったと推測されますが、現在、窯跡を史跡として特に保存・管理している所があります。それが鶴峰里陶窯址です。

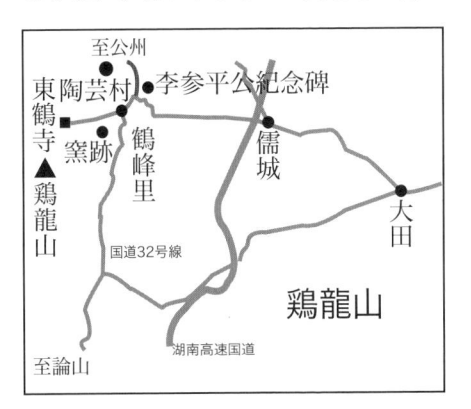

鶴峰里の窯で焼かれた磁器を所蔵・展示している国立公州博物館の図録によれば、この窯が使われていた時代は、朝鮮時代の15世紀初頭から16世紀前半にかけてであると推定されており、窯址からは、前述の鉄絵入りのものを始め、象嵌や印花模様（俗にいう三島）並びに刷毛目の入った粉青沙器、白磁などの破片が大量に見つかりました。（柳も日本民芸館所蔵の刷毛目茶碗の箱書きに、鶏龍山の窯で焼かれたものである旨を記しています。）この窯址には、浅川伯教・巧兄弟も調査に訪れており、巧は1924年12月の調査の様子を「窯跡めぐりの旅を終えて」という文章に残しています。その中から少し引用してみましょう。

吾々は予定の通二十九日の朝京城駅を立ちました。行政整理で退官した人達や冬の休暇に帰郷する人々などで汽車は混雑しました。午後の2時頃大田に着き儒城温泉迄自動車に乗り儒城で農家に入って人夫を傭い荷物を背負わせて鶏龍山に向いました。（中略）その日の収穫の記憶を辿りますと、先ず温泉場を出て間もなく瓮を焼く村がありそこで仕事を見たり、小森さんが写真を撮ったりしました。又その附近の山麓に白磁の窯跡があり人夫に問うと

1928年、鶏龍山を訪れた柳宗悦と浅川兄弟、後ろはロレーヌ・ウォーナー

約十年前まで燔いていたとのことです。青味を帯びた白で普通の鉢や皿や祭器などの破片が道路を行っても見える程に捨ててありました。

この後、巧たちは、村の子どもたちの案内で、近辺の数ヵ所の窯跡を調べています。現在は地名が変わっているため、はっきりと断定はできませんが、窯跡の位置から判断して、巧がこのとき鶴峰里陶窯址を訪れた可能性は高いと思われます。

鶴峰里陶窯址には、今も粉青沙器と白磁の破片が多く埋もれており、窯跡のあったことを記念する小さな石碑と立て看板が立っていますが、史跡保護のため、残念なことにフェンスで囲まれ、許可なしで立ち入ることはできません。そのため、見学する場合は、道路側からフェンス越しに見ることになります。窯跡の周辺には、なかなかユニークなレストランや喫茶店が多いので、食事やお茶を楽しんだ帰りに窯跡を眺めるのもいいと思います。なお、鶴峰里陶窯址から、次に紹介する東鶴寺までは、約20分で歩くことができます。

［交通］大田高速バスターミナルから、市内バスで約1時間、鶴峰停留所下車。（なお、鶴峰という名前の停留所は連続して2ヵ所ありますが、窯址はその中間にあるため、どちらで降りても歩く距離はあまり変わりません。）

陶祖李参平公紀念碑

日本の有田焼きの始祖、李参平は、文禄・慶長の役に際して来日し、1616年、有田泉山で磁石鉱を発見、日本で初めて白磁の焼成に成功しました。このエピソードを知る人は多いと思いますが、その出身地がこの鶏龍山の近くであることは、意外と知られていないのではないでしょうか。儒城温泉から鶴峰里陶窯址へ向かうバスの走っている国道32号線と1号線の、ちょうど分岐点にあるこの記念碑は、李参平公への報恩と感謝の意を表し、国際親善と文化交流の象徴とするため、1990年10月、日本側の記念碑建設委員会（有田焼の関係者が

李参平公紀念碑

中心）と、韓国陶磁器文化振興委員会とが、合同で建立したものです。記念碑の立っている丘の斜面は彫刻公園と呼ばれ、さまざまな形の彫刻作品が置かれており、地元の人や観光客が時折訪れる憩いの場所となっています。
［交通］大田高速バスターミナルから、市内バスで約1時間、朴亭子下車。

鶏龍山陶芸村

これまで紹介したように、李朝のやきものの産地として名高い鶏龍山ですが、この地の窯の火を絶やすまいと、現代の陶芸家たちが集まり、創作に励んでいる場所があります。それが、鶏龍山陶芸村です。ここが開村されたのは1992年で、現在、13人の陶芸作家が村内に各自の工房を持ち、それぞれの窯で作品を製作しています。村には各作家の作品を展示・販売する展示館があり、そこで作品を購入することもできます。作品は日常的に使える食器が主体で、手ごろな価格のものがほとんど。日本の茶道用の茶碗もあります。筆者はここで菓子器によさそうな平鉢を求めましたが、それには鶏龍山徳利を彷彿とさせるワラビ模様の鉄絵があり、そこに李朝の命脈を見る思いがしました。展示館内には喫茶コーナーも併設されています。また、やきもの作りを体験したい人のために、作家の工房で陶芸教室が開かれています。（詳しくは、電話041-857-6818　展示館まで問い合わせを）なお、この辺りの空気のおいしいことと、風景のすばらしさは特筆ものです。やや交通が不便ですが、一度足をのばしてみたい場所です。
［交通］儒城温泉派出所横のバス停より陶芸村行きのバスで約30分、陶芸村駐車場から徒歩約15分。

東鶴寺

鶴峰里陶窯址から西へ約1キロの地点に、鶏龍山東鶴寺があります。東鶴寺は鶏龍山四大寺利の一つで、創建は新羅時代（724年、寺名は清涼寺）と伝えられますが、朝鮮時代に現在の寺名に改められました。寺内には尼さんの修道の場である尼僧大学が併設され、尼さんの行き交う姿が多くみられます。

さて、鶴峰里陶窯址の項で、浅川巧が調査に訪れたことを紹介しましたが、巧がその日宿をとったのが、この東鶴寺でした。前にも引いた「窯跡めぐりの旅を終えて」にその日の様子が記されていますが、その当時からすでにここは尼僧の修道場であったらしく、その夜遅くまで、大勢の尼さんのお経をあげる声が騒々しく、なかなか眠れなかったとあります。その翌朝、巧は境内の窯跡の調査も行いました。そのときの状況を次のように書いています。

　大雄殿の前を通り寺の西裏に出ると畑がありその傍らに柿の木が生えている斜面があります。その柿の林の下が窯跡でした。厚手の白磁で……（中略）多分三聖堂かと思います。その建物の付近で窯跡のあったことの想像出来る資料が沢山得られました。そこは主に三島手で特に鉄砂の染付が多いのです。

この巧の調査から約70年の後に井上秀雄さんたちが書いた『韓国の歴史散歩』（山川出版社）によれば、

　東鶴寺大雄殿からさらに数十メー

東鶴寺三層石塔

トル奥へ進むと、この尼寺の僧房がある。僧房のはずれ、谷川より一段高い畑地に、高さ1m余り盛り上がった古窯の灰原がある。このなかに多数の朝鮮王朝時代の白磁小皿・茶碗の完形品、大破片が含まれ、付近に散乱……。

していたそうです。これらの記録からすると、東鶴寺の境内にも、白磁と粉青沙器の焼かれた窯跡が存在することは間違いないと思われますが、筆者が調べた限りでは、整地されてしまって、窯跡の位置を確認することはできませんでした。

そのことは少し残念ですが、現在の東鶴寺は、春は桜、秋には紅葉が見事な景勝地として、また、鶏龍山国立公園内を巡る登山道の起点の一つとして賑わいを見せています。それを反映して、境内には食堂や土産物の店が軒を連ね、寺の周辺には民宿の看板が目立ちます。

なお、重要な史跡としては、男妹塔（統一新羅時代、724年建立）、三層石塔（統一新羅時代）、粛慕殿（朝鮮時代、1863年建立）、三隠閣（朝鮮時代、1394年建立）などがあります。

［交通］大田高速バスターミナルから、市内バスで約1時間、終点の東鶴寺で下車。本数は少ない。

甲　寺

　鶏龍山国立公園の西端に位置する甲寺も、東鶴寺と同じく鶏龍山四大寺刹の一つです。甲寺は鶏龍山にある寺としては一番古く、創建は百済時代（420年）と伝えられています。高麗時代に入ると、仏教の隆盛によって、大伽藍を持つ名刹として栄えましたが、文禄の役に際し、寺内のすべての建物が焼失する不運に見舞われました。現在ある建物は、文禄の役の後、朝鮮時代に再建されたものですが、幸い焼失を免れた文化財に次のようなものがあります。

　三神仏掛仏幀（国宝第298号、非公開）

　甲寺鉄幢竿及び支柱（新羅時代、宝物に指定）寺の目印として5色の旗を掲げるための鉄製の竿と、石造の支柱。幢竿の高さは15メートル。韓国に現存する二つの鉄幢竿のうちの一つで、稀少価値の高いものです。

　甲寺浮屠（新羅時代、宝物に指定）龍や獅子の華麗な浮き彫りがほどこされた八角円堂型の石塔です。

　甲寺銅鐘（朝鮮時代、宝物に指定）新羅以来の韓国の梵鐘の伝統的要素を備えたもので、本体表面には地蔵菩薩の浮き彫りがあります。

　甲寺石造薬師如来立像（高麗時代、道指定文化財）高麗時代の彫刻手法をよく表した石仏。薬師如来の印である薬器を手にしています。高さは141cm。

　甲寺は東鶴寺に比べ、大田方面からの交通がやや不便なため、観光客の数は少な目ですが、重要な史跡の数はこちらのほうが多く、見応えがあります。また、四季折々の景観のすばらしさ、特に秋の

紅葉の美しさは有名で、東鶴寺渓谷の新緑とともに、鶏龍八景の一つに数えられています。旅程に余裕があれば、ぜひ訪れてみたい場所といえるでしょう。

甲寺石造薬師如来立像

[交通] 儒城温泉派出所横のバス停より大田の市内バスで約40分、甲寺で下車。

なお、鶏龍山国立公園の南西端には、やはり鶏龍山四大寺利の一つである新元寺があります。

鶏龍山の項の作成にあたっては、鶴峰里陶窯址と東鶴寺に関して高崎宗司先生のご教示をいただきました。また、取材においては、大田大学日語日文学科の朴喜南教授、国立公園管理公団鶏龍山管理事務所甲寺分所の趙重燦元所長のご協力をいただきました。

撫石陶芸

撫石・李龍江(ムソク・イヨンガン)さんの窯場です。清州の南方約24キロ。忠清北道清原郡ノンソン面官井里234にあります(→68頁)。電話は04-31-254-6464です。粉青沙器(三島)を得意としています。「なぜ、粉青がすきなのですか」と聞いたら、「民族的で、素朴だし、多様な色がよく焼ける」という答えが返ってきした。壺や茶器のほか、植木鉢・陶硯なども造っています。天然素材で作った9棟1000坪の作業場なども素敵です。高麗式の筒型窯、朝鮮式の蛇腹窯とがあります。展示館があり、販売もしています。教育館では、陶芸教室を開いています。食堂があります。もちろん器はここで焼いたものです。李さんは1980年に弘益専門学校用芸科を卒業した後、柳海剛に師事し、大阪芸術大学で学んでいます。それで日本語も上手です。行き方は難しいので、電話でよく確認してから行ってください。

全羅道

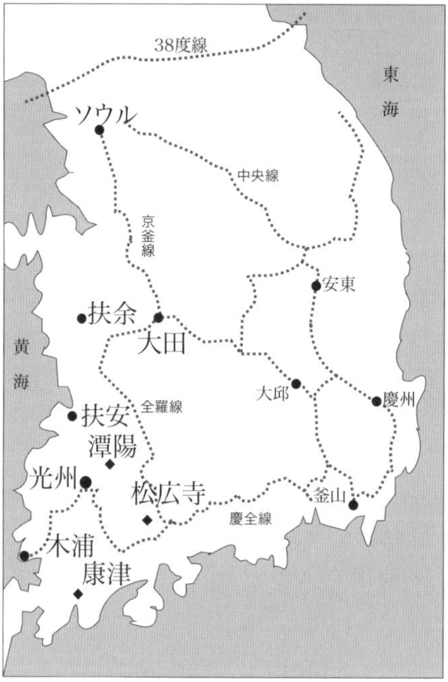
38度線
東
海
ソウル
中央線
京釜線
安東
扶余
大田
黄
海
大邱
慶州
扶安
全羅線
潭陽
光州
松広寺
釜山
慶全線
木浦
康津

潭陽竹物博物館

柳宗悦らが潭陽を訪れたのは、1937年5月4日です。当時の竹細工は全村の分業で、竹を割る家、削る家、編む家、櫛を組む家、焼絵を施す家がそれぞれを専業としていました。櫛を編んでいる女たちのようすを柳は、「唐時代の絵」として描いています。また、太く短い焼き鏝で絵を焼き付けていく「仕事の安易さ」におどろいています。「花や鳥や魚や樹を実にうまく見る間に描いた。模様を掴む力がまだむかしのままに活きている」と感心しています。

潭陽は今も竹郷として知られています。竹物博物館は、潭陽邑の南、光州高速道路が湖南高速道路にぶつかった所を左に折れて、300メートルの所にあります。

展示室には、竹針、櫛、籠、団扇、簾、箸箱、茶床（ティーテーブル）、竹製椅子、竹製寝台、竹夫人（竹製抱き枕）、竹製箪笥、笞、弓などが展示されています。竹に漆を塗った竹心漆器（彩箱）や帽子もあります。洪東和さんによれば、昔はこの百倍位、いろいろな種類が作られていたそうです。博物館の中には、工芸室があって、実際に作って見せたり、製作体験をさせてくれます。

博物館の前庭にはお土産屋さんが並んでいます。このあたりは、竹細工芸振興団地になっています。

竹製品は、簡単に作れる、そのわりには壊れない、軽い、涼しげが特色です。持ち運びに便利なので、墓地で使う祭器などにも竹で作られたものがあります。

最近は、材料を台湾や中国から輸入しているようです。

なお、浅川伯教が1931年8月29日、窯跡を調査するためにここを訪れています。

潭陽竹物市場

国立海洋遺物展示館

　木浦は昔から日本と中国を結ぶ中継地でした。ですから、木浦近海には、当時、沈没した船が何隻も沈んでいるに違いありません。実際、1976年以来、98年までに木浦近海など7か所で海底遺物が発掘されています。これを水中発掘史といい、これらの遺物について研究する学問を水中考古学と称しています。そして、その対象となる遺物を集めたのが、国立海洋遺物展示館です。

　国立海洋遺物展示館には、四つの展示室があり、530余点が展示されています。
　第1展示室には、1983年～4年に莞島の海底から引き上げられた遺物があります。11世紀の中後半期の長さ10メートルの船の部分や、その模型も展示されています。また、莞島遺物3万余点（そのほとんどが高麗青磁です）のうちの主要なものが展示されています。高麗青磁ですが、褐色の物が多く、いわゆる翡色の物はありません。粗製の日常雑器だったのかもしれません。
　なお、莞島は、日本から中国に向かう僧などがここで一休みし、あわせて事前教育を受けた所と言われています。また、金重明『皐(みぎわ)の民』（講談社）で知られるようになった張保皐の根拠地です。
　隣に並べられている道里浦の遺物は14世紀後半のものなので、印華象嵌された高麗青磁も見られます。
　第2展示室は新安郡沖の海底から引き揚げられた遺物を展示しています。この14世紀に沈没した船は、中国から日本への輸出品を積んでいました。竜泉窯・景徳鎮窯で作られた陶磁器（青磁や白磁など）2万点、銅銭約28トン＝800万枚などです。日本の朱漆椀や高麗の青磁がほんの少しありましたが、それらは見本であったかもしれません。

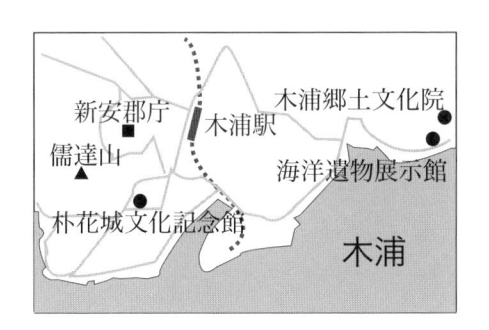

　新安船の復元されたものも展示されています。長さ34メートル、幅11メートル、200トンの船の一部、長さ28メートル、幅7メートルが残っています。
　2階の第3展示室は漁村民俗室です。高麗時代の漁村風景が模型で再現されています。漁労に使われた道具類も展示されています。
　第4展示室は船舶施設を展示しています。船の歴史や船の構造が明らかにされています。豊臣軍と戦った李舜臣軍が乗った亀船（亀甲船）、朝鮮通信使が乗った船の模型が飾られています。
　他の見所に景色の美しい儒達山があります。1937年5月7日にここを訪れた柳宗悦は次のように書いています。
　「金剛山で朝鮮は名をなすが、木浦は儒達山で名をなしてよい。否、全鮮〔差別的な呼称です。全朝鮮というべきでしょう〕に幾つかの風光を数えたとしたら、私達は儒達山をその一景に加えるであろう。画家であったら、筆を染めたい。木浦の町は忘れるとも、あの神秘的な儒達山は忘れないであろう。左右には遠く水がけぶる。私達は立ちつくした。」(「全羅紀行」)

国立海洋遺物展示館

儒達山には鉢巻き道路が通っていて、公園もあります。

鉢巻き道路をほんの少し外れた所には作家・朴花城の記念館が建っていますが、これは1900年に建設され、日本領事館として使われた建物です。できるだけ広い土地を確保しておくにかぎるということで、1万6300坪をずいぶん強引に買収をして、紛争を招いたようです。付近は日本人居住地でした。

木浦は日本の統治時代、米・綿花・塩・海苔の輸出港として有名でした。

港町なので、あちこちに海鮮料理店があります。

映画「愛の黙示録」で知られる孤児院「共生園」も儒達山の麓にあります。日本人の田内千鶴子が運営にあたっていましたが、今はその孫にあたる若い女性ががんばっています。

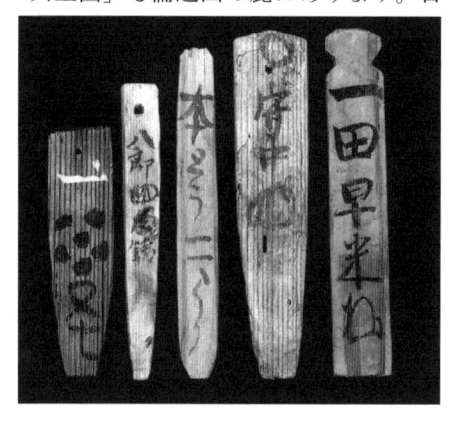

新安沖の遺物

木浦郷土文化院

海洋遺物展示館の向かい側にあります。韓国の代表的な庭石などが展示されています。目玉は、南学派に属する許氏3代の絵画です。余白が多く、適当に描いているような印象を与える韓国らしい絵と言われています。初代の小癡・許鍊は、名筆として知られる秋史・金正喜に師事しました。二代の米山・許瀅は墨で牡丹を描くことを得意としました。三代の南農・許楗は南宋画風です。陶磁器も少しあります。

康津窯跡

青磁の窯跡として有名なのは何といっても全羅南道康津郡大口面です。浅川巧は、兄・伯教や後に『朝鮮高麗陶磁考』を書く中尾万三らとともに、1925年1月にこの辺り一帯を調査しています。そして、「窯跡めぐりの旅を終えて」をまとめて雑誌に発表しています。また、そのころに未発表に終わった「朝鮮古窯跡調査報告」もまとめています。後者には、康津の窯跡を記した絵地図がつけられています。

また、伯教は31年6月21日から22日にかけてここを再訪しています。なお、伯教によれば、大口面は昔、大口所といい、鉢所という意味だったということです。また、長興の人・任元厚が外戚の力で窯を起こし、盛んにしたそうです。

巧たちは25年1月3日、東側から峠

を越えて浄水寺を経て大口面に入りました。まず、雲谷・巷調の窯跡を漁りました。

翌日、堂前の窯跡を見ました。「田となく畑となく宅地となく青磁の破片で蔽われていると云い度い沢山の破片です」と書いています。

美山の窯跡で拾った破片については、「大分力が抜けて居ます」と評価しています。

そして、鼠走山周囲の窯跡の破片に「模様及形に表れている線が明瞭で力があり、釉薬の色も艶も佳し模様の種類も豊富です」と書いています。

今は康津邑から入江沿いにバスで行くのが便利です。25分ほど南下して大口面の陶窯址というバス停でおり、「窯跡まで300メートル」「浄水寺まで6キロ」と書かれた看板を見て、東側、山の方向に2〜3分も行けば、左手に康津青磁資料博物館があります。

博物館には、発掘された青磁の瓦などが展示されています。企画展示室には、干支の銘が入った青磁の破片が集められていました。銘を入れたのは、元に献上するためだったようです。窯跡の分布図

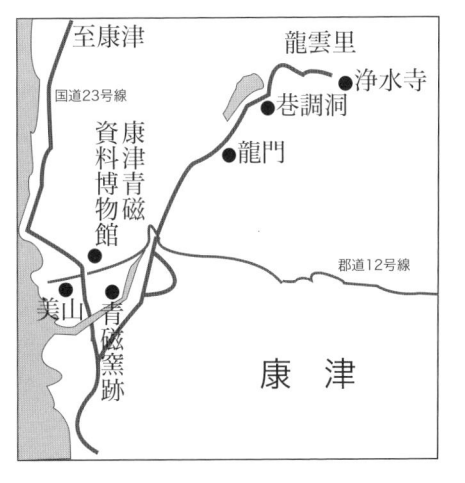

康津青磁資料博物館

も掲げられています。

博物館の右手には、復元された半地下の窯跡があります。縦8メートル、横1.2メートル、高さ1.1メートルで、火炎がよく回り、熱効率もよい、今から見ても合理的な窯だそうです。

博物館の左手にそこが窯跡であることを示す石碑があり、そのまた左手に郡立高麗青磁作業所の開発室長である陶芸家・李龍熙さんのお宅があります。ここから青磁の瓦が出て、それが李さんが農業をやめて、青磁再現の仕事に転じた理由の一つになったそうです。そして、そのまた左側に窯場が、李さんのお宅の裏側に作業場があり、約30人が働いています。再現された青磁の展示即売は博物館の一角でしています。

もとの道に戻って、再び浄水寺の方向に2〜3分も進むと、右手50メートルばかりの田畑の中に石碑が見えます。史跡第68号のありかを示すものです。田畑の作物を荒らさないように近づいてみましょう。畑では青磁の破片や灰被り防止に使った「さや」(匣、匡鉢)が見られます。

先の李さんによれば、大口面では9世紀から14世紀までずっと青磁が焼かれました。これだけ長い期間、焼き続けた場所は他にないそうです。まず、浄水

寺付近で焼き始め、12世紀から13世紀に沙堂里に移り、最後は海岸縁で焼きました。窯跡は現在、183基が確認されています。

博物館から6キロメートルの所にある浄水寺に行ってみました。巧が訪ねたとき、ここは廃寺になっていたそうですが、今は再建されていました。通りがかったおばあさんに「近くに窯跡はありますか」ときいたら、「ありませんね」との

康津青磁窯址

こと。すぐ近くに窯跡はないようでした。

しかし、浄水寺の少し手前にある巷調洞の窯跡を訪ねた、古陶磁研究家の村山武さんは、「その窯址に着く前に、畠のひとすみになんと高麗青磁が小山をなして捨てられている」と書いています（淡交ムック『韓国骨董入門』）。時間のある方はぜひ、訪ねてみてください。

原料が豊富なうえに、薪が多く、船場に近いという好条件に恵まれて、青磁の名品の約80%はここで焼かれたのではないかということです。

なお、康津邑から車で約10分の所に茶山草堂がありますので、時間のある人は立ち寄ってください。実学の大家とし て、あるいは起重機を製作して水原城を築いた人として知られている茶山・丁若鏞は、康津に流配されたとき、ここに草堂を建てて、著作に励みました。建物は最近のもので昔の建物よりずっと大きく作られていますが、扁額の文字「宝丁山房」は天下の名筆秋史・金正喜の書です。

松広寺

順天市にある禅の道場です。普照国師（開祖・知訥、1158〜1210）が開いた曹渓山修禅社がその前身です。曹渓禅と呼ばれ、朝鮮仏教の主流です。過去16人の国師を出したことで有名です。三宝寺刹の一つ、僧宝寺院として知られています。なお、仏宝寺院は通度寺、法宝寺院は海印寺です。現在、54ある建物の大部分が慶長の役や朝鮮戦争で焼失し再建されたものです。

寺に着くと、まず虹形の石橋・羽化橋を渡ります。そこから見る渓谷は美しいものです。洪東和さんによれば、参詣者もその景色を見ることを目的の一つにしていたのではないか、また、お寺に参詣することを仙人の生活を味わってみることのように考えていたのではないかとい

松広寺全景

国師殿

うことです。

　正面に大雄宝殿があります。屋根が二重になっている珍しいものです。右手の奥に国師殿があります。李朝初期の代表的な建築物として国宝に指定されています。中には国師たちの肖像画が掲げられていますが、大半は窃盗にあって、今はその写真で代用されています。建物の少し前に立ち入り禁止の掲示がありますが、お願いすれば見せてくれるようです。

　大雄宝殿の左手観音殿の裏側に普照国師の舎利塔があります。高麗時代のもので、素朴な朝鮮の味がします。ここから見る建物群の甍の波はよい景色です。観音殿の左側に見える李朝初期の建築・下舎堂の換気孔（鵲屋と言います）も見えます。しかし、これら多くの建物は1983～91年に再建されたものです。

　大雄宝殿の所まで戻ってその向かいにある遺物展示館に入りましょう。中には、国宝の木造三尊仏龕、高麗高宗の制書（任命書のようなもの）などがあります。1428年に没した高峯和尚の舎利塔の骨壺もあります。これは、剥地（掻きおとし）と線画を併用して、蓮池で遊ぶ魚を描いています。この壺は年代が確実な点で、美術史上、貴重なものとされています。

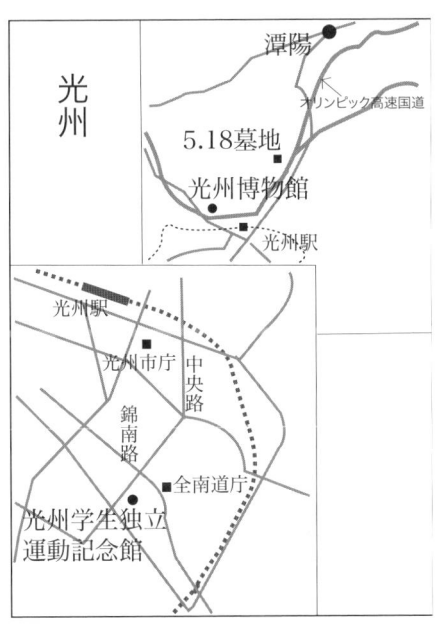

　また、薬師殿と霊山殿は李朝中期の代表的な建築物です。

国立光州博物館

　国立光州博物館は、絵画室、先史～高麗時代室、新安海底発掘陶磁器室、高麗・朝鮮陶磁器室に分かれています。

　また、庭には全羅南道の代表的な支石墓や康津郡で発掘された高麗青磁の登り窯が移築されています。

国立光州博物館

　潘南古墳群から出土した、5世紀ごろの、馬韓（百済によって滅亡させられました）の族長たちの大きな甕棺や、金銅冠などが展示されています。

　新安海底発掘陶磁器室には、木浦沖の新安から引き上げられた中国製の陶磁器が陳列されています。莞島の海底から引き上げられたものもあります。

　近くにある光州市立美術館は、光州ビエンナーレを開催することで、日本でも知られるようになりました。また、ここには在日朝鮮人の河正雄さんが寄贈した在日朝鮮人画家の作品が常時、展示されています。

　光州といえば、歴史を勉強する者には忘れられない二つの光州事件があります。

5・18記念墓地

　第1に、光州学生独立運動です。1929年、日本人学生が朝鮮人女子学生をからかったことをきっかけとして、差別教育撤廃と朝鮮独立を要求する運動が学生を中心に全朝鮮に拡大しました。1919年の3・1運動、1926年の6・10運動につぐものでした。記念碑と記念館が独立路に面した光州高校の構内に建てられています。

　第2は、光州抗争です。1980年5月17日の全斗煥らによるクーデターに反対して、18日に光州で大規模な抗議デモが展開されました。それに対して軍が出動し、発砲しました。民衆が銃をとり、軍と銃撃戦を展開してやぶれました。当時の政府によって「暴動」とされた事件も、今では、義挙とされ、犠牲者は国立の5・18墓地に移葬されました。墓地は街の郊外・東北の方角にあります。観光案内所や大きなホテルに置いてある「5・18史跡地および観光案内図」には「巡礼コース」が示されています。

扶　　安

　ここで、窯址めぐりからはちょっと外れますが、全羅北道の扶安という町について少し説明します。兪弘濬著・宋連玉訳『私の文化遺産踏査記』（法政大学出版局）を読んで、わたしは扶安へ行ってみたい

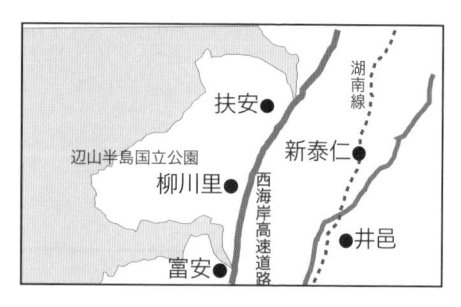

と思いました。韓国の大田大学で日本語を教える傍ら柳宗悦研究をしていた加藤利枝さんとその友人の尹美宣さんを誘って行ってみました。

　扶安邑への道は、ソウルから朝早く国鉄を利用して、西大田・論山・裡里を経て金堤で降り、タクシーかバスに乗り換えて行きます。帰りはその逆をたどれば、その日のうちにソウルへ帰ることができます。扶安邑には、東門内堂山や西門内堂山などがあります。堂山というのは、村の鎮守の神堂です。東門内堂山には、石ソッテと石ジャンスンがあります。ソッテというのは、年の暮れに翌年の豊作を祈願して穀物の種を入れた袋をつるす竿、ジャンスンというのは、村の入り口で村に厄病などが入ってこないように守っている人形です。竿の上には雁らしい鳥が止まっています。東門内のソッテには、旧暦小正月に行われた綱引きに使われた綱が巻いてあります。石ジャンスンのおばあさんは、とてもいじわるそうな、しかしユーモラスな顔をしています。西門内堂山にも、石ソッテと石ジャンスンがあります。こちらのソッテには綱が巻かれていません。

　西門内堂山の向かい側に朝鮮家屋の食堂があります。螺鈿漆器の家具など、民具がたくさんありました。また、イシモチの焼き物やエイのさしみ、カニやフナの煮付けなどが韓定食がとてもおいしい店でした。

亀岩里支石墓群

　扶安から西の方向へタクシーで約10分も走ると、10基の支石墓があります。大きなものは蓋石が6.4×4.5×0.8mで、

韓国最大だそうです。公園になっていました。

柳川里青磁窯址

　亀岩里から南へタクシーで約15分走り、右側に折れるとまもなく、道路の左側（南側）に松の生えた高さ数メートルの丘があり、その上に「高麗磁器陶窯址、指定文化財、史蹟第六九号」と書かれた石碑が立っています。ここが康津につぐ青磁の生産地であったところです。南側の、今は畑になっている一帯は、高麗時代には海辺であったようです。かつて、朝鮮総督府博物館の野守健や、浅川伯教らがここを調査しています。

　そこには、今も比較的大きな青磁の破片が散らばっていました。近くの家を訪ねて話を聞きました。そこのお宅では、最近、建て増しするために工事をしていたら青磁の瓦が出てきた、ということです。軒下には破片が無造作に置かれてありました。

　柳川の象嵌は康津に優る、という評価もあります。なお、ここから出た巨大な梅瓶の破片や逆台形の陶板は梨花女子大学博物館で見ることが出来ます。

　なお、ここからさらに西に進むと、山内面鎮西里で、ここにも青磁の窯址があります。石碑が建っているところの手前に路地があり、入っていくと柳川窯があります。

牛東里陶窯址

　柳川陶窯址から西へタクシーで数分、北側のマンファ洞に入り、二股の道の右をとると、山に向かって狭い道を進むこ

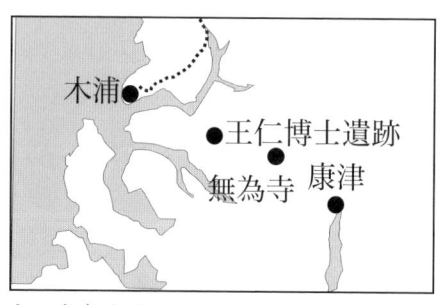

とになります。ここが牛東里です。突き当りを左折し、少し行ったところで、タクシーを降り、小さな土手に沿って山に入るとすぐ、お墓があります。その右手のほうに、窯址が15もあります。牛東堤（沼）の東側に位置しています。破片はほとんどありませんが、サヤなどが層をなしています。白磁を作る土を使って作った、とてもりっぱなサヤです。青磁の釉薬がついたきれいなサヤもあります。

ここは、15世紀4分の2分期に、魚紋の粉青沙器の生まれたところだそうです。梨花女子大学博物館が2度にわたり地表調査を行ったことがあります。また、同館は、ここの出土品を買い入れて所蔵しており、同館編発行の図録13『粉青沙器・扶安牛東里窯出土品』にまとめています。この図録に収められた姜敬淑「扶安牛東里粉青沙器窯」は先の地表調査の記録です。

浅川伯教は、1931年9月に、金堤と扶安を調査しています。扶安には3日も滞在していますから、きっと、柳川里や牛東里の窯址もゆっくりと調査したに違いありません。

無為寺

全羅南道康津郡城田面月下里にある曹渓宗のお寺です。康津の釜址から車で約30分、門の前まで車で行けます。597年、元暁大師が開創した寺とも、617年に道詵国師が開創した寺とも言われています。はじめは観音寺といいました。一時は茅屋寺・無為岬寺と称し、1555年に太甘先師が無為寺と改称しました。1430年に建設された極楽宝殿（国宝）と、かつてそこの四壁にあり、今は宝物殿にある壁画（国宝）、946年に建てられた先覚大師遍光霊塔碑（宝物）が有名です。塔碑を支えているのは、普通の亀趺ではなくて、龍の顔をもった亀です。

王仁博士遺跡

無為寺を出発して木浦に向かう国道を車で約30分走ったところにあります。百済の学者・王仁（わに）は、応神天皇のとき（285年）に千字文と論語を携えてきて、皇太子の先生に任命されたと『日本書紀』にあります。しかし、『日本書紀』は、実際にあったときよりも前にあったことのように記述しているので、398年前後のことと考えられています。

王仁の子孫には、文首（ふみのおびと）氏や行基らがおり、大いに繁栄しました。今の大阪府北河内郡菅原村大字藤阪に王仁の墓と碑石があります。「内鮮一体」が叫ばれるようになる1937年には王仁墓顕彰会が組織されて、墓域拡張事業が行われています。また、1940年には上野公園に王仁を記念した石碑が建てられています。

ところで、かつての韓国では、王仁はほとんど知られていませんでした。ただ、全羅南道の霊岩に王仁の伝説がひそかに残っているだけでした。それが1972年になって、にわかに脚光を浴びるように

なりました。霊岩には、生誕の地とされる聖基洞、修学した場所とされる文山斎、書庫として利用していたとされる王仁冊窟、故郷を出発するときに越えたとされるドルジョン峠などがあり、1975年には、生誕地の聖域化事業が行われました。広い敷地には展示館などが作られ、肖像画も描かれましたが、すべて新しいものばかりです。ここから木浦までは車で約40分です。

慶 尚 道

金海鳳凰台遺跡

　首露王陵から車で10分足らずの距離、金海市鳳凰洞の鳳凰台と呼ばれる丘陵にあります。紀元前4～5世紀頃、無文土器時代の支石墓・箱式石棺墓・甕棺墓があり、丹塗り摩研土器・管玉・銅剣などが出土しています。三韓（辰韓・弁韓・馬韓）時代の遺跡である竪穴式住居跡・環濠集落跡や貝塚があります。貝塚からは、鉄器・貨泉（中国の貨幣）・土器が発掘されています。精選された粘土を使い、叩き技法で整形された、模様のある、堅く焼き上げられた土器は、金海土器と名づけられています。朝鮮の南部一帯、北九州の遺跡からも出土しています。

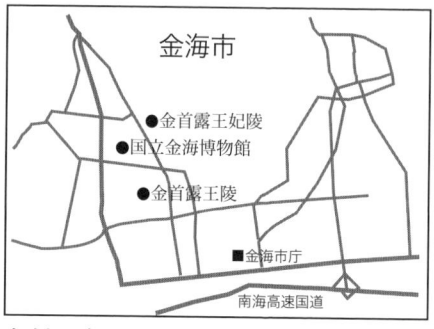

　道路を挟んで、首露王の王后・許黄玉の墓もあります。王后は、西暦48年、16歳のときにインドから来た、という海洋渡航神話があります。

首露王陵

　金海空港から程近いところにあります。神話によれば、首露王は、西暦42年には亀旨峰に降臨し、駕洛国（金官加羅・大伽倻・狗邪韓国・任那加羅・任那などとも言われていました）を建国し、199年に死んだとも伝えられていますが、実際の建国は180年頃のことと考えられています。降臨神話は日本の神話の祖形のようです。

　1580年、現在の形に修復されました。駕洛国太祖陵とも呼ばれています。1885年に建てられた崇善殿碑があり、

首露王陵

それを保護する碑閣があります。秘閣には、上半身は龍、下半身は鯉という珍しい想像上の動物の彫刻がはめ込まれています。小さな遺物展示館がありますが、ほとんどが国立金海博物館にあるものの複製品です。

国立金海博物館

展示室は、先史・弁韓・伽耶・「洛東江東岸の古墳群と新羅勢力の拡張」の4コーナーに分かれています。また、野外展示場もあります。

先史のコーナーでは、丹塗土器や櫛文土器・彩文土器・紅陶、打製石器や黒曜石製の鏃・半月形の石刀・磨製石剣、銅剣、鉄斧、管玉、甕棺、弥生式土器などが展示されています。丹塗土器は韓国の各地で見られる赤土を生乾きのときに磨いたものです。水が漏れないのが特色です。再現を目指している人はいないようです。

弁韓のコーナーでは、鉢・壺・鴨（雁）形土器・高杯・祭祀土器、銅鉾・銅剣、轡・鉄鏃・鉄剣、倣製鏡、首飾りなどを見ることができます。

伽耶のコーナーでは、高霊（大伽耶）出土の金銅冠、「大王」と刻まれた土器、板甲、馬甲、あぶみ、鞍輪、甲鉄鋌（てっせん）、車輪飾り土器、環頭太刀、金製耳飾などが展示されています。伽耶土器は1世紀に発生し、4世紀に普及したと考えられています。新羅

短甲（伝・金海出土）

土器と比べると、少し白っぽく柔らかい感じがします。

こうした出土品から、伽耶が騎馬民族であったらしいこと、鉄が豊富で、倭に輸出していたらしいことがうかがわれます。

「洛東江東岸の古墳群と新羅勢力の拡張」のコーナーでは、各種土器、環頭太刀、銀製銙帯、金製耳飾などの出土品が展示されています。

金海茶碗

朝鮮朝初期の粉青沙器印花文（日本で言う三島）の一つに金海銘の皿があります。また、胴には「猫掻き」と呼ばれる櫛目状の筋がある金海茶碗や、割高台茶碗もあります。浅川巧の遺稿に、その窯跡を探して歩いたときの紀行文「金海」があり、『浅川巧全集』（草風館。絶版）に収められています。しかし、今は巧が見つけた窯跡がどこにあったか、わからなくなっています。また、残念ながら、国立金海博物館に金海銘の皿は展示されていません。なお、国立晋州博物館には展示されています。

釜山市立博物館

絵青磁草卉文瓶などの青磁はじめ粉青・白磁、名筆家として名高い秋史・金正喜の行書対連があります。金銅菩薩立像、金弘道の山水人物画もあります。釜山民俗室には、書堂（寺子屋）や機織部屋などの模型が展示されていました。

福泉博物館

　釜山の地下鉄東萊駅の東方にあります。釜山市立博物館の分館です。伽耶の遺跡・福泉洞古墳群の遺跡は公園化されており、野外展示場もあります。出土品は博物館に収められています。4～5世紀に発展した伽耶土器と馬冑・板甲（胸当て）などが中心です。「三国時代後期の対外関係」というコーナーが注目されます。「日本系」として、仿製鏡・尖頭槍・壺形土器が展示されているからです。朝鮮半島から日本列島への流れだけでなく、最近では逆の流れもあったことが指摘されるようになっているのです。

釜山の骨董街

　最もまとまってあるのが、釜山の地下鉄南浦洞駅の近くにある釜山デパートの2階です。古古堂・伽倻舎・千宝舎・芸香・観海舎・務安堂・高麗舎などが入っています。いずれも小さな店ばかりです。

梵魚寺

　慶尚南道梁山市北面金井山にあります。釜山の地下鉄の梵魚寺で下車し、近くのバス停から梵魚寺行きのバスに乗ると10分足らずで着きます。678年、義湘が創建しました。華厳宗10刹のひとつです。文禄慶長の役で兵火にかかり、1602年に再建されました。1613年にも改修されています。3重の石塔は宝物です。典型的な新羅石塔とされています。石段の上にあるので雄大に見えますが、高さは約4メートルに過ぎません。

梁山市法基里窯址

　釜山地下鉄の終点・老圃洞（梵魚寺の次）から北のほうへ車で約10分、橋を超えたところで、国道を右側（東側）におり、国道の下で左折して、国道の左側に出、橋を渡ったところで、車をおります。法基水源地から流れ出る川に沿って上流の方へ進むと、2～3分で次の橋が見えてきます。そこで左手を見ると、家が見えます。そのあたりが窯址です。家の方にお願いして庭・駐車場・裏の畑を見せていただくと、「すでに釜山大が調査をした後だ」ということでしたが、たくさんの大きな陶磁器の破片が散らばっていました。朝鮮朝の前期から中期にかけて、白磁（練砂目）や伊羅保が焼かれたところだと言われていますが、ほとんどは萩焼・紅葉茶碗に似た砂土器（サバル）でした。地図を見ると、この家の手前、川の西側の山の中腹にも窯址があるようですが、見つけられませんでした。

　浅川伯教の残した記録を見ると、1929年5月18日と1931年5月23日に梁山の窯跡を調査しています。法基里の窯跡であったかもしれません。

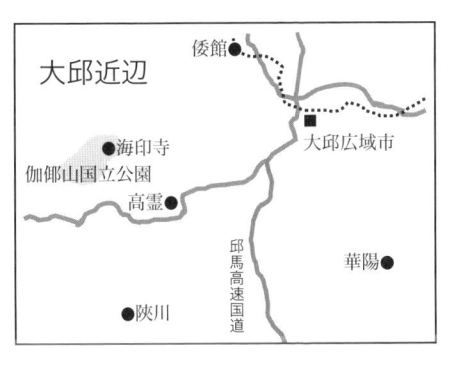

高霊・池山洞古墳群

5世紀後半に台頭し、伽倻諸国連合の中心となった高霊加羅（大伽倻）の故地には、池山洞古墳群があります。大邱から高霊に向かう高速道路の右側に遠望できる山の尾根筋に大小百数十基の円墳が連なっています。金銅冠や馬具類が出土しています。

海印寺

慶尚南道陜川郡伽倻山にあります。大邱から高速道路ですぐのところです。通度寺・松広寺と並んで三大寺刹とされています。802年に創建されました。高麗時代に経典を刊行したことで有名です。1480年に寺を拡張しました。文禄慶長の役の兵火は免れましたが、その後、何度も火災にあい、現在の建物の多くは1818年のものです。

一柱門の手前右手に塔誌と小塔が発見された吉祥塔があります。塔誌によって、この塔が895年、海印寺を守るために命を捧げた56人の僧侶の慰霊塔であることが分かっています。3重石塔や3重石燈も残っています。1916年、はじめてここを訪れた柳宗悦は3重石塔の前で撮った写真を残しています。1926年に基段と欄干を増設しましたが、調和を乱したと批判されています。

国宝である四棟の大蔵経板倉（蔵経閣）は朝鮮初期の代表的に建築物です。南北に、脩多羅蔵・法宝殿とに分かれており、それぞれ15間という長い建物です。1236～1251年にかけて製作された高麗大蔵経（八万大蔵経）の版木8万1258枚が保管されています。それぞれの建物の部屋に付けられている窓は上と下とでは大きさが違っています。風の回りをよくするためです。板倉にいたる中門には、「八万大蔵経」と書かれた扁額がかけられていました。

海印寺山門

このほかに、10世紀に製作された木造希郎祖師像、1491年に製作された銅鐘、1458年に製作された世宗の肖像画、50余の建物があります。

陶山書院

安東の東北にあります。朝鮮朝の大学者・退渓・李滉（1000ウォン札の肖像画になっています）を祀った書院です。1575

年に完成しました。4000冊を超える蔵書と遺物があります。王命によって祭祀がしばしば行われ、大院君による書院撤廃のときにも、この書院は除外されました。教典堂は1574年に建立されたもので、宝物になっています。尚徳祠正門と四周の土塀も宝物です。

鳳停寺

安東市の北、ソフ面天燈山にあります。672年、義湘が創建しました。高麗時代に建設された極楽殿（国宝）、朝鮮時代に建設された大雄殿（宝物）があります。前者は二重梁式建築の唯一の例とされています。仏壇の側面には華麗な唐草模様が彫刻されており、これは高麗青磁の模様と一致しています。浮石寺の無量寿殿とともに、現存する最も古い寺です。

極楽殿と大雄殿と経板庫には大蔵経板木が保存されています。3重の石塔は、典型的な高麗石塔とされています。

日本では、朝鮮白磁の愛好家としても知られた小説家・立原正秋（旧名・金胤奎）の自伝的小説『冬のかたみに』（新潮社、1975年。新潮文庫、1981年）の主な舞台となった禅寺（小説の中では無量寺）として有名です。立原の父はその寺の宗務長で、1931年に5歳になったばかりの立原をここに入学させています。立原もここが気に入ったようで、2年後、安東に移ってからも、たびたび訪れたようです。

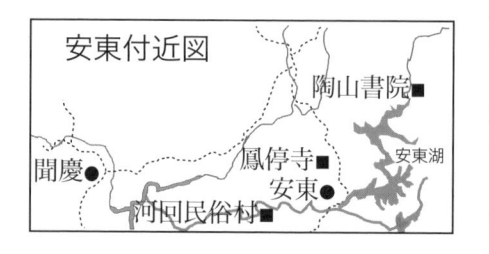

安東河回村

ソウルから車だと片道約5時間かかりますが、なんとか日帰り可能です。高速道路から見る景色はとてもきれいです。途中には水安堡温泉があり、おいしい山菜料理も食べられます。

安東北村宅

安東柳氏の村です。文禄慶長の役当時、朝鮮政府の領議政（総理大臣）・兵曹判書（兵務大臣）などを務めた西崖・柳成龍の子孫たちが住んでいます。村にある家は昔のままのものが多く、わずかにある新築された家も韓屋です。先年、エリザベス女王がここを訪問したり、映画「ホタル」に登場したりで、すっかり有名になりました。

柳成龍の後孫が住んでいる養真堂、その分家の後孫の家である北村宅などの古建築があります。永慕閣（資料館）には柳成龍の書いた『懲毖録』の写真版などが展示されています。この本は、「日本の侵略を招いてしまったことに懲りて、後の災いをつつしむために」ということで、朝鮮側から、文禄慶長の役を自己批判的に記録したものです。日本語訳

が平凡社から出ています。この本を読むと、柳成龍が名将・李舜臣を登用したことなどもわかります。なお、柳成龍は、1542年生まれで、李退渓の陶山書院で学んでいます。

河回村は、仮面劇でも知られており、村の入り口手前には、仮面の博物館もあります。民宿や食堂がたくさんあり、名物の虚祭祀飯(ホジョサバッブ)・安東焼酎・チョン（田舎）豆腐を食べることができます。

時間があったら、屏山書院にも寄ってみましょう。河回村を出ると右側に書院への道を示す看板が立っています。文字通り回っている河に沿って約10分、書院があります。柳一族が、柳成龍を祭り、子弟を教育した学校です。立教堂・東斉と西斉とがあります。山の斜面に建てられた書院には晩対楼があり、そこから眺める洛東江・屏山は最高の景色です。

嶺南窯と聞慶窯

ともに、聞慶市にあります。井戸（韓国では沙土と言っています）や伊羅保など、日本人好みの紛青沙器を得意としているところも共通しています。

嶺南窯の白山・金正玉さんは、1996年、陶工として最初の、そして今のところただ独りの国指定重要無形文化財に指定されました。1941年、陶工の7代目に生まれました。井戸を得意としています。

聞慶窯の陶泉・千漢鳳さんは1933年、東京都江東区北砂生まれ、千葉県沼南町育ちです。48年、韓国に帰って、茶道具専門の陶工になりました。1975年には加藤唐九郎に師事しています。1995年、陶芸名匠に指定されています。粉青沙器を得意としています。千さんの仕事

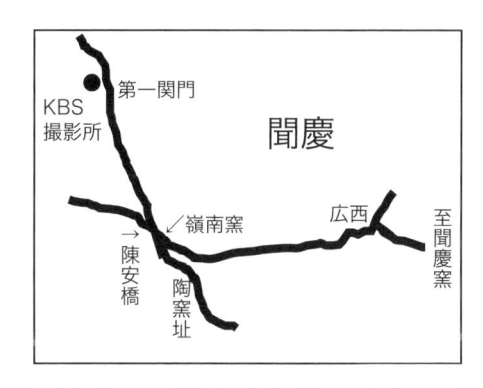

振りと作品は、桑原史成・鄭良謨『陶磁の里−高麗・李朝』（岩波書店、1984年）や、『朝日こども新聞』2002年1月9日付などに紹介されています。

2つの窯の所在地を分かりやすく説明するのはちょっと難しいです。聞慶市内に入ったら、まず、第一関門と呼ばれる昔の城門を目ざしてください。近くに韓国放送公社(KBS)の時代劇撮影所があります。高麗時代の都大路のセットなどを見ることができます。

そこから聞慶駅に向かう道路の右側に「重要無形文化財105号」と刻んだ大きな石碑があり、そこが嶺南窯です。聞慶邑陳安里16番地、電話は054-571-0907、3950です。聞慶窯は聞慶温泉を経て、川を渡り、東の方へ行った聞慶邑唐浦1里156-1にあります。電話は054-572-3090です。交通手段はタクシーになります。

伽倻土器の窯場

南海高速道路を進礼I.Cで降りて、進礼方面に向かうと橋があります。その橋の袂に2軒の窯場があります。橋の手前・進行左側にあるのがモアム窯、橋の向こう側・右手にあるのがチョンゴク窯、そ

の右隣には斗山窯があります。斗山窯では、1992年から姜孝鎮が伽倻土器の再現をめざしています。西金海からも行くことができます。

鎮海市頭洞窯跡

釜山の西方、地下鉄・河端で下車し、地上に出ると、すぐ近くに鎮海行きの小さなバス停留所があります。バスは約25分で馬川洞に着きます。停留所のすぐ手前にタクシー乗り場がありますので、タクシーで頭洞の部落まで行きます。約2キロというところでしょうか。小さな部落を北の方へ抜けてイムガン寺の方向に数分歩くと、「東亜大敷地」という看板が立っており、用水池が現れます。そのまま進んでUターンすると寺へ着いてしまいます。Uターンする手前でほぼ直進する形で付いている山道に入ります。小さな川沿いに少し進むと、陶磁器の小さな破片が見られます。この辺に井戸の窯があったという説があります。

晋州市

釜山の西約100キロのところにあります。南海高速道路を利用して晋州I.Cで降ります。晋州市は、釜山が発展するまでは、慶尚南道の中心都市でした。洛東江の支流である南江中流の盆地に位置しています。川を南に臨み、山を背にした天然の要塞地で、古くから軍事拠点でした。また、景色のよいところです。

晋州城址は、文禄慶長の役（壬辰倭乱）の戦跡として知られています。最初の日本軍の攻撃は撃退したのですが、それに安心して防備を怠ったため、次の戦闘で小西行長の軍勢に敗北し、城にこもった軍民6万余人が犠牲になったと言われています。義妓・論介が日本の武将を抱きかかえて投身自殺をしたという逸話で知られる矗石楼・義岩などが残っています。城の北側の門を出て西側に向かうと、晋州仁寺洞があります。名前から想像されるように骨董屋が数件、軒を連ねています。

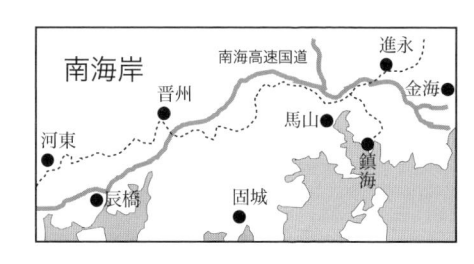

1916年8月、浅川伯教の案内で初めて朝鮮を訪れた柳宗悦は、13日、「朝鮮風俗壺屋」と題された絵葉書に、「何処の家も十五乃至二十の壺又は瓶に飾られてゐる」と晋州から志賀直哉に書き送っています（『柳宗悦全集著作集』第21巻の上巻、筑摩書房）。

国立晋州博物館

文禄慶長の役（壬辰倭乱）の関係資料（文献・絵画など）を10のコーナーに分けて展示しています。1. 壬辰倭乱の経過、2. 壬辰倭乱の重要事件、3. 義兵、4. 朝鮮水軍の活躍と李舜臣。（李舜臣の『乱中日記』3巻は平凡社東洋文庫に収められています）5. 戦争の武器、6. 朝鮮女性の抵抗、7. 戦争捕虜。藤原惺窩と交友した姜沆らが取り上げられています。8. 戦争の記録と文学、9. 西洋人の見た壬辰倭乱、10. 文化的変化です。ここでは、朝鮮陶磁文化・墨絵・『東医宝鑑』などの日本への伝播

河東郡辰橋面白蓮里窯跡

　晋州から南海高速道路をさらに西へ30キロ進むと辰橋I.Cがあります。そこで降りて南の方向、河東郡辰橋面白蓮里セミゴルに向かいます。河東は江戸時代からよい陶土が出ることで有名でした。セミは井戸、ゴルは郷の意味で、直訳すれば井戸郷です。すぐに小さな橋があり、左右に看板が見えます。そこには、左に3.8キロのところと、右に2.8キロのところに陶窯址があることを教えています。辰橋面・白蓮寺の方向に車で2～3分進むと、左手に将軍標と「セミゴル窯」の看板が見えます。そこを右折すると、「河東井戸郷窯」があります。張今貞さんの窯です。張さんは萩で修行をしたそうです。そして、萩焼に似た作品を制作していました。井戸茶碗の復活を試みているといってもよいでしょう。

　その手前に文禄慶長の役で日本に連れ去られた陶工たちの追念碑が建てられています。窯の裏山には16世紀から17世紀前半の窯址があり、青井戸に似た陶磁器の破片が散在しています。そこには、文禄慶長の役で日本に連れ去られた無名陶工たちの追念碑や、彼等の父祖のものと伝えられる墓もあります。近くに、出土品や3人の窯元（河東窯・鄭雄基さんら）の作品を展示したクムジョン美術館や張今貞さんの作品展示販売場もあります。今もこのあたり10キロ四方には良い白土が出るということです。林も多く、燃料に不足はないようです。海が近いので昔は運ぶのにも便利だったでしょう。

　香本不苦治さんが井戸茶碗の故郷かもしれないと言ったところです。その言に導かれて、地元の朴鐘漢さんがここのセミコルを調査し、ここが井戸茶碗の故郷だと断定しました。それが、桑原史成・鄭良謨『陶磁の里－高麗・李朝』（岩波書店、1984年）に紹介されて、有名になりました。地元の人たちは、慶尚南道庁の調査団が発掘調査した結果、今では、井戸窯址と認定された、日本に連行された李勺光もここで20年間、陶磁器を焼いていた、と言っています。

【付録】
日本の中の韓国民芸の旅

出羽桜美術館
東北福祉大学芹沢銈介美術工芸館
益子参考館
須坂クラッシック美術館
浅川伯教・巧兄弟資料館
日本民芸館
徳川美術館
富本憲吉記念館
高麗美術館
大阪市立東洋陶磁美術館
倉敷民芸館

出羽桜美術館

「山寺や将棋のコマ」で有名な山形県天童にある出羽桜美術館を、その地で生まれ、その地を離れて40年になる私の友人は知りませんでした。今もたびたび里帰りしているというのに……。

出羽桜美術館は「日本の中の朝鮮美術工芸品」シリーズにふさわしい美術館でありながら、地元出身の人には銘酒「出羽桜」としての知名度の方が上のようです。

17年前の1988年に、出羽桜酒造株式会社三代目社長仲野清次郎氏が永年に亘って蒐集してきた陶磁器、工芸品等の美術館として開館しました。清次郎氏が1986年まで住んでいた明治後期頃の伝統的日本家屋の建物、木造瓦葺の母屋と蔵座敷を展示室としています。主な収蔵品は焼物で、新羅62点・高麗130点・李朝570点です。工芸品460点、民画102点もあります。その他、近代文人の書、桜に因んだ衣装、陶磁器、漆器等の工芸品400点、日本六古窯等、それらを3ヵ月毎企画展示しています。

初代館長仲野清次郎氏の個人コレクションを基にしていますので、彼の開館の辞を紹介しましょう。「古美術を蒐め、その美しさを慈しむことは、若い樹木が、年輪を重ねてゆくと同じである。それぞれの場に執念く生きて、その樹格を整えてゆくように、たとえ分野は狭くとも、それなりの品位を備えたいと思いながら、その理想の遥かさを覚えるばかりである。ささやかな李朝期の陶磁と工芸を、展示公開しようとするいま、自分を赤裸々にするためらいと、御覧下さる方々に、少しでも美の共感をお分け出来るかという想いが、心を重くする。私が李朝陶磁に激しく揺さぶられ、それはまさに揺さぶられるという他のない程の感興を覚えたのは、在京の学生の時であった」。

東北の一酒造家が李朝工芸に心惹かれたのは白磁の壺からでした。李朝文化に惚れ込んだコレクターはここにも居られたという感慨と彼の心情が偲ばれました。その彼も韓国には一度旅しただけということです。そして、李朝陶磁について印象的な言葉を残しています。「李朝陶磁には限りない人間の温もりがある。そして人間の血液の流れる音が聴える。ある時はなごみを送り、ある時は哀しさを歌い、白い磁肌は堅くとも、冬寒い酒蔵の片隅でさえ、充分に耐え得る暖かさをもって、常に私の側にあった。学術的な考察を超えて、人の側にある美しさ、これが今日まで私をとらえて来た李朝工芸の美の本質に他ならない」。さらに、なぜ李朝期の工芸が人を魅了するのかについて、「その無心の美というより他にない。常に他国にさいなまれ、それでも地を這うように生きた人々、最も低い地位に甘んじ、生活用具を造りつづけた工人の心が如何に高いものであったか、灰釉の日本の陶磁を、白い肌に変えたのも、

李朝の工人達であった。ほの白い創成期伊万里が如何に日本人の心をとらえたか、それは歓喜というにふさわしいものであったろう」とひたすら語っています。

　玄関前に鎮座していた虎の子の愛嬌ある小さい石像が、とても愛らしく離れがたい面相でした。2000年より4代目仲野益美氏が館長を務めています。

（深沢美恵子）

東北福祉大学
芹沢銈介美術工芸館

　1989年、仙台に開館しました。東北の風土と古い伝統を愛した染色家の芹沢銈介は、長男の芹沢長介が東北福祉大学に赴任した機会に、自分の作品約200点とコレクション約1000点を寄贈しました。そのうち、箱19点、仮面、家具、民画などの朝鮮民芸品は、約30点です。

　若き日の芹沢は『白樺』の愛読者で、柳宗悦や浅川伯教・巧兄弟らが執筆した1922年9月号の特集「李朝陶磁器の紹介」に深い感銘を受けました。そして、1927年1月に柳宗悦が芹沢を訪ねて、2人は急速に近しくなりました。柳宗悦が座右においた朝鮮の民芸品に、芹沢もいっそう注目したことでしょう。

　1927年4月、静岡の友人で、逸早く柳宗悦に私淑していた鈴木篤に誘われて朝鮮の旅に出た芹沢は、朝鮮に向かう船の中で、創刊されたばかりの『大調和』（『白樺』の後継誌）を読んでいました。そこには柳宗悦の「工芸の道」の連載第1回が掲載されていました。芹沢はそれを読んで感銘し、工芸の道に進むことを決心したということです。

　かつて柳宗悦や浅川伯教が遊んだ慶州の仏国寺や石窟庵を訪ね、京城（今日のソウル）では朝鮮民族美術館を訪ねました。この美術館は1924年に柳宗悦が、京城に住んでいた浅川伯教・巧兄弟と図って、朝鮮の美術工芸のすばらしさを朝鮮人と日本人に知ってもらうため、東京にではなく、京城に設立したものです。柳宗悦は友人が朝鮮を訪問するときには、浅川兄弟に会うよう勧めるのが常でした。芹沢も、朝鮮民芸の著名な収集家であり、研究家でもあった浅川伯教、巧の家を訪問したに違いありません。

　芹沢はこの旅で、道具屋で朝鮮の民芸品を買う楽しみを覚えました。1929年9月、33年7月の朝鮮の旅でも、民芸品は買い込まれたことでしょう。しかし、それらの蒐集品は45年の戦災で自宅とともに焼失してしまいました。

　一方、芹沢は、朝鮮の美術工芸に触発されて、いわゆる芹沢文字絵（字模様）、「座辺の李朝二曲屏風」「李朝の器物二曲屏風」「李朝の函帯地」などを制作しました。

　2005年4月から7月にかけて、東北福祉大学芹沢銈介美術工芸館で、特別展「芹沢銈介コレクション・朝鮮の美術工芸」が開かれました。民画、箱、木竹工芸、陶磁器、家具、面など、戦後に芹沢が蒐集して、東北福祉大学芹沢銈介美術工芸館に寄付した約30点だけでなく、姉妹館ともいうべき静岡市立芹沢銈介美術館に所蔵されている約280点のうちから約170点を借り出して、一緒に展示しました。あわせて、朝鮮の美術工芸に触発されて芹沢が制作した「李朝の器物二曲屏風」などの作品70点も展示しましたから、文字通り、有難いことでした。今後もそうした機会を作ってくれることが望まれます。

付記　本稿の作成にあたって、同館の濱田淑子さんにご教示を得ました。記して感謝します。　　　　　（高崎宗司）

益子参考館

栃木県芳賀郡益子町にある益子参考館は、陶芸家・濱田庄司が1974年12月に設立、1977年4月に開館しました。地元の人々には「濱田庄司館」として知られており、濱田の作品はもちろん、彼自らが集めた世界の民芸・工芸品を一般にも公開しています。所蔵品は約2,500点です。館員によると、毎年2月に展示替えをしていますが、古くて展示できないものもあるそうです。

濱田は東京に生まれ、1916年に京都で陶芸の修業を始めました。1920年から4年間、バーナード・リーチの誘いによりイギリスで陶芸活動に励みました。帰国した1924年から益子に住み、柳宗悦や河井寛次郎などと本格的な民芸活動を始め、沖縄に滞在しながら壺屋窯で制作活動を行ったり、国内外の民芸品調査を行ったりしました。その際に集められた日本・中国・朝鮮・ヨーロッパ・中近東・アメリカ・アフリカなどの世界各地の生活工芸品もこの参考館で見ることができます。

参考館の中には3つの展示館、旧濱田邸離れの濱田庄司館、工房、登り釜などがあります。長屋門の右側の1号館には、柳宗悦書の掛け軸、茶碗や湯呑などが展示されています。同敷地内にある大谷石蔵の2号館には、ドイツの皮製水筒やメキシコのガラス大皿、アフリカの木製枕などのさまざまな材料の世界各国の面白い民芸品があります。これらの収集は、濱田が16歳（1910年）からはじめたそうです。

濱田は、河井寛次郎や柳宗悦と共に、1919年、1933年、1936年、1937年に朝鮮を旅行しました。そのことを証明するかのように、数多くの朝鮮の民芸品が2つ目の大谷石蔵の3号館に展示されています。私は子どもの頃、韓国の田舎に住んでいた祖父母の家の台所で見かけた素朴な茶碗、瓶、皿などを、日本の片田舎の益子で見て、とても不思議な気がしました。李朝白磁祭器、三島茶碗、水滴などが25種類もあり、菓子型・蛙型・魚型の水滴はつい手を伸ばして触りたくなるほど、生き生きしてユーモラスな形状です。濱田が「李朝の陶器では一番形に感心する……生き生きした複雑さ、自然な不平等さからくる特別の美しさがある」（「李朝陶器の形と絵」『工芸』13号、1932年1月）と言っていたのを思い出しました。

その他にも石製香炉や膳、箪笥などが、実際使われているかのように置かれています。家具に関する表示はありませんでしたが、なんとなく朝鮮のもののような気がして、濱田庄司関連図書『濱田庄司　目と手』（1974年、朝日新聞社、栃木県立美術館編集・発行）、『濱田庄司蒐集　益子参考館』（1978年、学習研究社）を調べたら、それは李朝の箪笥、經机、12角膳などであることがわかりました。図録には200点以上の朝鮮の蒐集品が載せられていました。

上台と呼ばれる「離れ」は、益子町の古い茅葺の民家を1942年に解体移築したものです。高い天井と黒くなった柱、広々とした居間に圧倒されました。部屋の中には入れませんが、広い土間には、

木材のテーブルと椅子があり、お茶を楽しむこともできます。そこに座り、部屋の中を眺めているうちに、韓国人である私がなんとなく田舎の祖父母の家に帰ってきたような懐かしさをしみじみと感じました。庶民の暮らしの中に融け込んでいた民芸・工芸品だからこそ、古今東西を問わず、温かさと親しみを感じ取ることができるのだろうと思いました。

（李尚珍）

須坂クラッシック美術館

　長野県須坂市にある須坂クラシック美術館は、明治の初期に建てられた町家造りで、ケヤキを随所に使い、贅を尽くした建物をそのまま使用し、1995年に美術館として開館しました。

　この美術館は、日本画家・岡 信孝氏（濱田庄司の娘婿）が寄贈したコレクション、大正・昭和初期にかけての庶民の着物を中心に帯、大正ガラス、陶磁器、李朝の古民芸など二千余点を収蔵し、それらを順次（2年くらいで一周しているようです）、企画展とし、公開しています。

　岡氏は1932年、神奈川県川崎市の生まれで、現在は横浜在住です。その彼がどうして須坂にコレクションを寄贈したのか問うてみると、同館の建物が自分の育った日本家屋と似ていたからとのことでした。

　須坂の製糸業が隆盛に向かいつつあった時代をしのばせる屋敷は、牧新七により建築され、母屋、上店、土蔵、長屋門と四棟を残しています。広い間取り、豊富に使われたケヤキ、縁側のみごとなガラス戸、書院の意匠など贅沢で凝った造りがいたる所に見られ、展示品の数々はぴったりこの館に収まっています。

　2004年12月の初めから2月初めの3ヶ月間「李朝展」が開かれました。

　最も多く展示されていたのは菓子型で約50点。日本のものより何となく稚拙のような感じもあり、これが李朝らしい。筆筒もしかり。ついで民画が30点あまり展示されていました。民画の文房図は、現代画を思わせるような構図で、遠くを大きく、近くを小さく描き、細密画のようでありながら実は大らかで、とても魅力がありました。筆立てなどの木工芸品が約20点。しかし、朝鮮の膳はありませんでした。白磁などの陶磁器も約20点あり、青磁のような色合いの白磁もありました。白磁と説明がなければ分からないようなものなどに解説があれば良かったのですが。水滴も13点、特に蛙型は今にも蛙が飛び出しそうで面白かった。ほかに鍵10点余り、銅椀、筆筒、墨壺など、総計200点弱でした。

　李朝のものが長野の須坂にこんなに有るのなら、日本全体ではどのくらい有るのでしょうか、調べてみたいと言う思いがわきたってきました。

　日本では、李朝ものは個人が所有しているのが9割とか。昨年(2004年)浅川伯教のお孫さんが朝鮮の陶磁器などを数十点、大阪市立東洋陶磁美術館に寄贈しました。このような動きがひろがりますと、私たちでも優れたものを見る機会に浴することが出来るので、大変有難いと思いました。

　なお、市内には北信濃屈指の豪商田中総本家が江戸中期・享保18年(1733年)以来の日常使用の品々「衣裳、漆器、陶磁器、玩具、文書……」が大変よい状態で残されています。その質と量の豊富さ

から近世の正倉院とも言われます。屋敷は20の土蔵が取り囲んでいます。現在、土蔵5棟を改装した展示館では常設展のほか、年5回の企画展も行っています。そこにはたくさんの中国の陶磁器にまじって数点の朝鮮陶磁器が大事に保存されています。須坂の殿様からもらった半使(はんす)茶碗、彫三島、御本半使茶碗などです。
（深沢美恵子）

浅川伯教・巧兄弟資料館

山梨県北杜市高根町にあります。JR長坂駅から3キロくらいです。柳宗悦の盟友であった浅川伯教・巧兄弟の出身地である高根町が、2001年に建てました。規模は小さいですが、特色のある展示をしています。所蔵品はすべて遺族や浅川兄弟を慕う人々の寄付によるものです。

目玉は、陶芸家でもあり画家でもあった伯教制作の茶碗と絵画（題材の多くが朝鮮の壺です）、そして浅川巧の日記です。

伯教旧蔵の陶磁器は残念ながら刷毛目1点しかありません。そのほか伯教遺愛の朝鮮の膳、伯教が朝鮮の古窯から発掘した陶片があります。朝鮮時代の水滴も1点所蔵されています。

浅川兄弟に関する文献資料・写真資料がよく集められています。著書などは展示されていますが、浅川兄弟に関する研究文献は今のところ公開されていません。近々公開され、閲覧できるようになる予定です。

浅川伯教と親交があった韓国の陶芸家、柳海剛・池順鐸の作品や、浅川兄弟を敬愛する韓国の現代陶芸家が寄付してくれた作品もあります。

全体として朝鮮民俗博物館のようになっています。朝鮮の家の一室がマネキンを使って再現されていて、家具（パンダジ、薬棚、菓子型など）が何種類か展示されています。陶磁器制作の現場としての窯も、ミニチュアで再現されています。

空前絶後の窯跡調査をした伯教にちなんで、朝鮮各地（10箇所あまり）の窯跡で採集された青磁・粉青・白磁の陶片が展示されています。

『朝鮮の膳』の著者浅川巧にちなんでは、10脚余りの膳もあります。

専任の学芸員がいないため、これまで特別展はあまり開かれませんでしたが、2005年夏には特別展が開かれました。韓国ソウル市在住鄭好蓮女史寄贈コレクション「韓国の陶磁器121点」です。展示されたのは「浅川巧著『朝鮮陶磁名考』に載った多種多様な陶磁器たち」です。浅川巧は器物の名称などを調べて『朝鮮陶磁名考』を書きましたが、それによると、器は、祭礼器、食器、文房具、化粧用具、室内用具、道具、容器、雑具、建築用材料に分けられます。それら（ただし新作）が展示されたのです。

同館は「浅川伯教・巧兄弟を偲ぶ会」の連絡先にもなっていて、会報を出すなどの活動をしています。

なお、同館にこられた方には、せっかくなので、ギャラリー・ハン（韓）に寄ることをお勧めしたいと思います。南アルプス市増穂町平林にあり、オンギ（甕器）約1000点が桧の林の中に展示されていて壮観です。本業のギャラリーは毎月上旬の10日間だけ開いていますが、実はこのギャラリー、普段は主人夫婦の住まいです。日本の古民家と韓国の家具（戸、棚、そこに並ぶ石鍋、戸棚の中の朝鮮茶碗）の調和がおもしろい。2003年に開設。（電

話 0556-22-6759） 　　　　　（高崎宗司）

日本民芸館

　1936年10月24日 東京目黒区駒場に日本民芸館はつくられました。創立者の柳宗悦の集めた「民衆的工芸品」を展示するために建てられました。建物の日本家屋は黒い屋根瓦に白い漆喰の外壁です。通りをはさんで、柳宗悦のかつての住まい日本民芸館西館は重厚な黒の長屋門で、解体して栃木県から少しずつ運んだそうです。西館は2006年の創立70周年公開に向けて、修理中です。

　中へ入り、スリッパに履き替えて、広い樫の階段を上がり、板張りの床、葛から作った特製の壁紙が貼られた部屋に入ります。そこに柳自身考案した台や棚に展示品が置かれ、この重厚な空間の中に在ってこそ相性良くおさまっています。

　日本民芸館の蔵品はおよそ1万7千点、柳宗悦没（1961年）後の収集品も若干あるとはいえ、柳自身が選んだものがほとんどで、柳宗悦民芸館とも言えるでしょう。「民芸」と言う言葉も志しを同じくした濱田庄司、河井寛次郎らと共に考えた新語で、「民衆的工芸」の略称です。1923年の関東大震災後、京都に移り住んだ柳が朝市で「げてもの」と言う言葉を知り、自分が選ぶ日本の下手物を買い集めていったのです。

　柳がヨーロッパ文化に向けていた目を東洋美術、工芸に転換させたのは、朝鮮在住の浅川伯教が柳宅にあったロダンの彫刻を見にいくとき、みやげに持っていった李朝の「染付秋草文面取壺」（→6頁）でした。これは今も民芸館の代表的蔵品になっています。

　柳は朝鮮に21回も行っています。1916年最初の訪問を釜山に迎えたのは浅川伯教でした。そしてもう釜山で「鉄砂の壺」を買っています。京城では浅川伯教の弟巧宅に泊まり、その後も親密な交友を重ねていきました。そして「朝鮮民族美術館」建設を志し、1924年には開館させました。これは、日本民芸館の前身とも言える快挙で、柳は日本以前に朝鮮に民芸風な美術館をつくっていたのです。朝鮮民族にこだわり、『朝鮮とその芸術』という本も上梓しました。柳が浅川巧の早世（1931年）に際して、「朝鮮民族美術館は彼の努力に負うところが甚大である。そこに蔵される幾多の品物は彼の蒐集にかゝる。……彼程朝鮮の工芸全般に渡って実際的知識を有ってゐる人はなかった」（『回想の浅川兄弟』所収）と柳は巧を絶賛しています。

　日本民芸館は、柳宗悦が設立を思い立った1926年から紆余曲折を経て、1931年民芸運動に共鳴した倉紡社長の大原孫三郎の10万円（今の8億円くらいでしょうか）の寄付により、全て和風で柳好みに、柳のこだわりで開館したのです。大空襲の火からも守られた民芸館の初代館長は柳宗悦自身、柳亡き後、濱田庄司ら、そして現館長柳宗理へと受け継がれてきたのでした。

　1976年まで受付で上品な年配の方を見かけることがありました。今顧みると、浅川巧の妻咲さんであったのでしょう。巧の一人娘園絵さんもここに勤め、柳宗悦が亡くなるまで秘書のような仕事を引き受けつつ、柳宗悦についての著述を残しています。父浅川巧については公には何も残していない彼女も、柳宗悦のことは色々日常を書いています。（深沢美恵子）

徳川美術館

　名古屋の徳川美術館は、尾張徳川家第19代の徳川義親侯爵の寄贈品をもとに、1935年、日本で三番目に古い私立美術館として開館しました。収蔵品は、徳川家康の愛用品および尾張徳川家に代々伝わるいわゆる「大名道具」を中心とした、約一万数千点の古美術品で構成されています。源氏物語絵巻を始めとする国宝9件、重要文化財57件を含むなど、その質の高さ、保存状態の良さは特筆に値するでしょう。

　朝鮮美術・工芸品に関して美術館関係者に特定のコレクターは存在しませんが、寄贈を受けた収蔵品の中には、高麗・朝鮮朝のものが多数含まれます。2002年には、「高麗・朝鮮王朝の美」展が開催されました。その展示品のほとんどが同美術館のもので、高麗の仏画、仏経典、朝鮮時代の陶磁、墨など、出品総数は百点を超えています。それら全体を見渡してみると、江戸初期までの日本人の朝鮮ものへの需要の在り方が自ずと見えてくる、そんな貴重なコレクションです。

　その中でも最も注目されるのは、茶道具としての陶磁でしょう。大名家にとって、すぐれた茶の湯の道具を蒐集、所持することは、家格を高める上で重要であったことから、当コレクションにも大名物を含む格の高いものが多数所蔵されています。例えば、利休、家康らが所持したと伝えられる三島茶碗　銘・三島桶（朝鮮朝、16世紀）は、鼠色の胎土に、高麗青磁の象嵌技法を受け継ぐ花小紋の文様を施した筒型の茶碗ですが、その形体は長次郎茶碗を彷彿とさせ、用いる人を思わず安堵させるような、どっしりとした安定感があります。

　また、武野紹鷗の旧蔵品である高麗鉄絵槌花生（朝鮮朝、15世紀）は、俵型の胴体に実に奔放でユーモラスな牡丹文の鉄絵が施されています。実はこれと非常によく似た壺を、柳宗悦が雑誌『工芸』の挿絵で紹介していますが、柳はその壺の鉄絵を描いた工人に対し、「彼等は何も時めく画人ではなかったのである。平凡なままでかく迄非凡な形や非凡な絵を生めると云うこと、之より深い秘儀がこの世にあろうか」と称賛の言葉を贈っています。（「本号の挿絵」、『工芸』第13号、1932年1月）

　このようにみてくると、豪華絢爛といったイメージの強い「大名道具」の中には、日々の用に耐える堅牢さや素朴さ、人をなごませる親近感といった、民芸の世界に交わる要素を持つ品々がいくつも見つかるようです。これはあるいは、質素であることを重んじた家康の思想とも、何処かつながるところがあるのかもしれません。

　なお、徳川美術館の敷地は、尾張徳川家第2代光友が隠居所として邸宅と庭園を造営した場所で、美術館に隣接する庭園は徳川園という名称で昭和初期から一般公開されていたところ、戦災でほとんどの建物、樹林を焼失しました。戦後は現代的な都市公園として利用されてきましたが、このほど日本庭園として再整備され、2004年11月、装いも新たに開園しました。また、同じ敷地内には名古屋市が運営する蓬左文庫があり、尾張徳川家旧蔵書約11万点を所蔵しています。ここの中国・朝鮮の書物には、本国でも失われた貴重なものが多いといわれ

ます。

本稿の作成にあたっては、同館副館長の山本泰一氏のご教示を得ました。ご協力に感謝します。　　　　（加藤利枝）

富本憲吉記念館

　奈良県 生駒郡安堵町に記念館はあります。近代陶芸の父とも言われる、富本憲吉の生家が1974（昭和49）年に記念館としてこの地に開館されたのです。この開館には現館長の辻本勇氏が私財を注いだといっても過言ではありません。

　収蔵されているのは富本憲吉の作品約300点。年4回ほど入れ替えし、常時約150点を展示しています。1955年、色絵磁器によって重要無形文化財技術保持者（人間国宝）に認定され、色絵に近代的な感覚で独自の境地を開拓しました。絵付も「模様から模様をつくらず」とバーナード・リーチと語り合ったように自然から得た写生にもとづいて、それを見事な富本模様に昇華させ、画期的な頒布会方式まで考え、創作陶磁の販売も試みてきました。

　富本が住み、模様を作り出した座敷、そこから見える四方竹の風合、それらは今も変わりませんが、建物は現館長が作り直しています。展示の全ては富本憲吉の作品であり、朝鮮の膳や飾り棚はそれらを飾るためにのみ用いています。

　富本は『窯辺雑記』の中で「京城雑信」（『回想の浅川兄弟』所収）を書いています。それを、「浅川巧日記」と付き合わせると、1922(大正11)年9月24日から10月13日まで富本は朝鮮を旅行し、浅川巧宅に逗留しました。目的は「李朝陶磁器展覧会」への協力でした。この間展覧会会場、李王家博物館を訪れ、李朝陶磁の逸材や当時の京城の街並み、建物、浅川巧の住んでいた清涼里の風景などをスケッチしています。これらを帰国後『李朝陶器写生巻』『高麗転写』として巻物に残し、『素描』数点も記念館に所蔵されています。(これらの見学は要予約)

　『李朝陶器写生巻』は3巻の巻物で、1巻は李朝陶磁器展覧会の展示品から選んで、水滴2点、瓶、小角壺、水滴瑠璃釉、中皿、六角蓋物、扁壺、中皿、水滴、角形水滴の11点、全てが風景模様。2巻には李朝陶磁写生から選んで壺染付、水滴3点、壺鉄砂、皿染付、壺辰砂、小椀染付、角壺染付、壺鉄砂、壺呉須鉄砂並用、壺呉須辰砂並用、水滴染付の13点。3巻には朝鮮の風景模様が10点描かれています。これら模様については『民芸』2002年5月号に掲載された森谷美保(そごう美術館学芸員)「一九二二年李朝陶磁器展覧会についての一考察」が紹介しているので、見てください。

　森谷さんは富本憲吉研究会会誌『あざみ』八号の中でも、「数の上ではさほど多くなかったと思われる李朝風景模様の陶器が、富本の心を惹きつけ、『李朝陶器写生巻』が描かれたことは間違いない。李朝陶器の風景文と朝鮮で目にした風景によって、彼は強いインスピレーション

を受け、その後の創作活動に影響を与えた」と指摘しています。

『高麗転写』には三島手5点、絵高麗4点、青磁2点、白磁2点の計12点の「高麗朝期」(当時の分類法で)の陶器が描写されています。

富本憲吉記念館の『李朝陶器写生巻』『高麗転写』『素描』の中には、今はこの中でしか見られない陶器や風景があります。これらスケッチは、柳宗悦や浅川伯教・巧らが朝鮮民族文化の素晴らしさに心を打たれ、熱心に集め、世に知らせたもの、彼らが見たであろう風景までも、充分見せてくれています。　(深沢美恵子)

高麗美術館

京都にある高麗美術館は、在日朝鮮人の実業家、故鄭詔文(チョン・ジョムン)から、高麗・李朝を中心とする美術工芸品、展示施設などの寄贈を受け、1988年10月25日に開館しました。まさに「日本の中の朝鮮美術工芸品」シリーズにふさわしい美術館で、日本の中の朝鮮文化財を収集し、それだけを展示、研究している唯一の美術館です。「1955年、京都の骨董屋で一つの壺が心にとまった。白い丸い壺だ。その壺の置かれたそこだけが、ある種の温かみを放ってそこにあった」と備中臣道は鄭詔文伝記『蘇る朝鮮文化―高麗美術館と鄭詔文の人生』(明石書店)に書いています。朝鮮古陶磁の神様とまで言われた浅川伯教が1914年頃に京城(ソウル)の骨董屋で李朝の白磁と最初に出会ったシーンとそっくりです。

鄭詔文は1989年2月に亡くなりました。彼がそれまで集めた韓国美術工芸品は1700点余り。現在、高麗美術館図録(2003年版)には石剣・瓦・銅鏡・陶磁器・絵画・木工家具など優品180点がカラー図版で紹介されています。日・英・韓語の解説は専門的であると同時に誰にも分かり易く、朝鮮文化入門書とも言えます。高麗美術館は入り口から、高麗・李朝です。門では一対の武官石像が出迎え、石畳を伝って館に入ると五重の石塔が庭に観え、この風姿はまさに朝鮮を思わせます。美術館所蔵の美術工芸品は、三国時代・統一新羅、そして李朝(朝鮮王朝)の末期までのおよそ1500年にわたるものです。

そして、鄭詔文コレクションの作品は、朝鮮半島から日本に渡って、日本の風土にも慣れた「日本の中の朝鮮のもの」ばかりです。蒐集は全て鄭詔文だそうです。2階には生活品が展示され、閲覧可能な朝鮮関係書籍も充実しているので、思わず時間を過ごしてしまいます。

鄭詔文の生まれ故郷の地名は憂忘里という情感ある地名です。このような感情表現の地名は戦前朝鮮人に慕われ、1931年病死した浅川巧の墓があることで有名な忘憂里と2つだけとか。6歳の時、朝鮮を出て、苦学して成長し、戦後経済的には成功しましたが、2度と憂忘里へ帰ることはありませんでした。さらに、朝鮮最初の統一王朝名である「高麗」を館名として用いたのは、南にも北にも偏らない鄭詔文の意思がこめられています。「高麗美術館」の門札は司馬遼太郎の筆です。現在の上田正昭館長は古来、日本へやって来た人々を「渡来人」と言う名称で呼んだ学者としても有名です。高麗美術館研究所も併設されています。『高麗美術館館報』も66号発刊され、1

年間1680円で定期購読出来ます。研究講座も5月で第94回です。2005年には夏季企画展として「朝鮮の美術－新羅の瓦を中心に－」を行いました。

京都に日本の美を求めてくる人たちを「日本の中の朝鮮」美に目覚めさせるに充分な文化財を所有し、その研究も行われています。

来館者ノートにはさまざまな言葉で、ここに来て知った朝鮮文化の素晴らしさ、癒された旨が語られていました。

(深沢美恵子)

大阪市立東洋陶磁美術館

朝鮮陶磁に関心のある方がいずれ到達する美術館は大阪の心臓部、中之島にある大阪市立「東洋陶磁美術館」だと思います。世界的なコレクションとして名高かった旧安宅産業のコレクションが会社の不振により、どうなってしまうのか、国会でも分散、海外流失のないよう異例の要望が出され注目を浴びました。結局、世界最大規模のメセナ活動と言われたように、総額約152億円を住友グループ21社が購入し、大阪市に寄贈しました。その安宅コレクションの為の美術館として1982年開館されました。

戦後、日本の名だたる古美術が散逸して一堂に見ることができなくなったものも多い中、改めて安堵するいきさつを持った美術館です。

安宅コレクションは、中国陶磁144点、韓国陶磁793点、ベトナム陶磁5点、日本陶磁2点、中国工芸5点、韓国工芸10点、日本工芸及びその他資料6点、合計965点、総数約千点もの膨大なものです。これを収集したのは、芸術的天分に恵まれた安宅英一という類まれな収集家が会社をあげて集めたものでした。現館長の伊藤郁太郎氏によると、「安宅コレクションは、陶磁器の収集にともなうあらゆる伝統的な桎梏・制約から解き放たれることを志した。一方において、茶の世界で最高の地位を占める油滴天目茶碗がある。他方において、宮廷趣味の溢れた成化のパレス・ボウルがある。また、異なった極点には、粗野とも見える粉引祭器が存在する。美的なるものに対して正確に照準を合わせながら、その視野を融通無碍にひろげていったのである。

究極的な選択の基準は、気品であり、静謐さであり、峻烈さである。「安宅好み」というべきものが形成された」。

安宅英一に見出された伊藤郁太郎という東洋陶磁専門家の熱き思いはホームページからもたっぷり知ることができます。http://www.moco.or.jp

この美術館訪問は"浅川伯教(旧蔵)の「青花辰砂蓮花文壺」、浅川巧(旧蔵)の「青花窓絵草花文面取壺」をひと目みたい"この一心でした。

柳宗悦に「朝鮮民族美術館」を設立しようと決心させたものとして有名な「蓮の壺」は大きな壺だと、サイズも承知していましたが、本物は見事でした。「浅川巧日記」にあるように、巧が蓮の花を持って兄の伯教宅を訪れ、この壺に生けたのを見て、伯教の長女が「お嬢さんのよう」と言ったと巧は日記に書き残しています。安宅英一が会社のコレクションに入れず、個人蔵として最後まで持っていた壺です。

巧が愛した「面取壺」を1931年早世した巧の墓石のモデルにしたのは兄伯

教でした。巧の死後1941年京城の骨董屋、文明商会の展覧会で当時の最高値一万五千円（今の一億位か）という金額がついたこと、骨董屋、広田煕がよく似た「兄弟壺」を探し出したことでも有名です。巧の「面取壺」は高さ24.7、「兄弟壺」は23.0です。この美術館に両方収蔵されていながら、「巧の壺」は展示されることはないようです。

さて肝心の韓国陶磁は、統一新羅時代4点、高麗時代304点、朝鮮時代485点、合計793点を数えます。

高麗時代の陶磁は、青磁が中心で、純青磁が92点、象嵌青磁が128点あり、それに関するほとんどの器形と文様とが揃っています。中でも、陽刻牡丹蓮花文鶴首瓶と重文・象嵌唐子宝相華文水注は、高麗青磁を代表する傑作だそうです。

このほか高麗青磁には、さまざまな種類があり、鉄絵青磁24点、鉄どろを青磁の釉薬か丹塗り詰めた鉄地青磁（俗にクロ高麗と呼ばれる）17点、青磁辰砂彩8点、青磁泥彩4点、青磁金彩2点、練上手3点など、作例が稀なものもあります。青磁以外では、黒釉・鉄釉が10点、特に、高麗陶磁の中では完品の作例の稀な白磁は16点もあります。

朝鮮時代の陶磁は、もっとも質的・量的に充実した部門です。朝鮮前期に発達した粉青171点をはじめ、白磁73点、青花127点、鉄砂45点、辰砂27点など、朝鮮陶磁の主流を占める技法のほか、白磁象嵌7点、青花辰砂・青花鉄砂・瑠璃地・黒釉・飴釉38点など計314点、ほとんどの技法・器形・文様をふくんで、編年的にも、初期から末期に至るまで、ほぼ朝鮮陶磁の全貌を網羅しています。コレクションの層の厚さを示す例証の一つとして、日本で秋草手と称されている朝鮮中期の青花磁器は、世界でも数十点ほどとか、それが17点を数えることができます。

現在、本館の他、新館には次の四つのギャラリーが新設されました。

第一に、在日韓国人であり、元外交官、経済学博士で、貿易会社の経営もされた李秉昌がその半生をかけて収集した韓国陶磁301点、中国陶磁50点の李秉昌コレクション韓国陶磁の常設展示室、第二に、日本陶磁の常設展示室、第三に、安宅、李秉昌以外の寄贈品の特集展示室、第四に、陶磁資料展示室です。

最後に、この美術館の心安らぐ落ち着きはどこから来るのだろうか。その秘密の一つにガラスのショウケースの前に10cm位でしょうか、肘をついてみられる棚があることでしょう。そこに顎をのせ、肘をのせ、手をつっぱって上からものぞき見ることができます。「ディスプレイは1mm単位で」というこの館の展示モットーで、名品が見ることができる充足感と参観者の立場にたって許されることは最大許してくれる美術館であることの安らぎでしょうか。　　　（深沢美恵子）

倉敷民芸館

1948年、岡山県倉敷市に開館しました。岡山県民芸協会が母体となり、当時の協会会長大原総一郎の尽力もあり、東京駒場に次いで日本で2番目にできた民芸館です。初代館長外村吉之介の蒐集した所蔵品は15,000点を越えます。そのうち、朝鮮の工芸品は200点以上にのぼります。

外村吉之介は滋賀県に生まれ、関西学

院神学部に進み、京都YMCAの宗教主事を経て日本基督教会の牧師として山口教会に赴任しました。1927年、柳宗悦の『工芸の道』に深く感動し、京都の柳宅を訪ね民芸運動に加わりました。1931年、外村は初めて朝鮮に渡り、浅川巧と会っています。その翌月に巧は亡くなっており長い親交を結ぶには至りませんでした。翌年、静岡市袋井の教会に赴任後、外村は織物の仕事に着手しました。1945年までは牧師と織の仕事の両方に従事しましたが、柳の推薦により大原総一郎に招かれ倉敷に居を移してからは、民芸運動に専心しました。

外村の海外経験としましては、1943年北京満州方面工芸調査に参加していたほか、1959年に欧米、1968年にはペルー、1984年にはインドに調査蒐集に出かけており、倉敷民芸館の所蔵品には海外の工芸品が多いのも特色のひとつです。朝鮮との関わりでは、1974年に韓国を訪問し、韓国民芸協会の設立に関与しました。このときのことは、『民芸』1974年8月号と9月号に「韓国工芸の旅」「朝鮮の膳と浅川巧氏」と題して書いています。外村は民芸運動の第一世代のなかでも制作と併せて普及伝道に力を尽し、1993年に94歳で亡くなりました。

倉敷民芸館に朝鮮美術工芸品があるのは、柳宗悦らの説く朝鮮の工芸品の美しさに心酔した外村初代館長が集めたからだと考えられます。その蒐集については、倉敷民芸館は第2次大戦後に開館しているため、現地で直接集めたというよりは、日本に入った朝鮮工芸品の中から外村の眼で集めたものといえるでしょう。

民画については、柳宗悦も倉敷民芸館にはすばらしいコレクションがあると言及していますとおり、文字絵、文房具図、花鳥図、風景画など各ジャンルに優品が揃っています。なかでも「四瞳猛虎」の軸は外村初代館長の執心の作であり、「文房具図屏風」も大作です。

陶磁器については、白磁の提灯壺ほか、粉引の魚文の壺なども様々な書物で紹介され愛好家の多い作です。木工品については、箪笥、四方棚、机といった家具や、膳、脇息、枕、箱などがあります。その他に紙工品や皮工品や石工品も所蔵し、石塔などは屋外に数点常時展示しています。

普段は館の3分の2の空間を企画展会場として、年に約3回テーマ毎に作品を入れ替えるという形態をとっていて、朝鮮の工芸品も数年毎に多数展示しています。ただそれ以外の時期に来館された方より要望が多く、2004年秋より常設展示に李朝の部屋を設け、陶磁器や木工品約30点を展示しています。

2005年秋にはソウル市立歴史博物館にも民画を貸出し、現在ロンドンのヴィクトリア・アンド・アルバート・ミュージアムで開催中の展覧会にも、木工や民画など朝鮮の工芸4点を出品しています。

（栗田邦江）

【所在地ほか一覧】

出羽桜美術館
所在地　天童市一日町 1-4-1
TEL 023-654-5050
入館料　大人 500 円　高大生 300 円　小中生 200 円
開館時間 9:30 〜 17:00（入館は 16:30 まで）
休館日　月曜日（祝日・振替休日は開館、翌日休館）
交通　ＪＲ天童駅より徒歩 15 分　ＪＲ山寺駅より車で 15 分　山形交通バス北目口下車すぐ

東北福祉大学芹沢銈介美術工芸館
所在地　仙台市青葉区国見 1-8-1
TEL 022-717-3318
開館時間 10:00 〜 16:30（入館は 16:00 まで）
入館料　一般 300 円　大学生 200 円　高校生以下無料
休館日　土日・祝日関係なく開館しておりますが、大学創立記念日（9/25）、入学試験当日、春期、夏期及び冬期大学一斉休暇期間は休館となります。（※東日本大震災の影響でしばらくは日・祝日及び入試日が休館となります）

益子参考館
所在地　栃木県芳賀郡益子町益子 3388
TEL （0285）72–5300
入館料　一般 800 円　小中学生 400 円
開館時間 9:30 〜 17:00（入場は 16:30 まで）
休館日　月曜日（祝日・振替休日は開館、翌日休館）、12 月 28 日〜 1 月 4 日、1 月下旬〜 2 月上旬

須坂クラシック美術館
所在地　長野県須坂市大字須坂 371-6
TEL 026-246-6474
開館時間 9:00 〜 17:00　1 月は 9:30 〜 16:30
休館日　木曜日（祝日の場合は開館）、年末年始（12/29 〜 1/3）
入館料　一般 300 円　小中学生 100 円
交通　須坂長野東インターより 5 ｋｍ　車で約 10 分　ＪＲ長野駅より長野電鉄特急 15 分　須坂駅下車徒歩約 5 分

浅川伯教・巧兄弟資料館
所在地　山梨県北巨摩郡高根町村山北割 3315 高根町生涯学習センター内
TEL 0551-47-4784
開館時間 9:30 〜 17:00（入館は 16:30 まで）
休館日　毎週月曜日、休日の翌日、毎月月末の館内整理日、年末年始
料金　一般 200 円　小中学生 100 円
交通　中央自動車道 長坂 IC 10 分　JR 長坂駅より市営バス 15 分

日本民芸館
所在地　東京都目黒区駒場 4-3-33
TEL 03-3467-4527
開館時間 10:00 〜 17:00（入館は 16:30 まで）
休館日　毎週月曜（祝日・振替休日は開館、翌日休館）
入館料　大人 1,000 円　大高生 500 円　小中学生 200 円

徳川美術館
所在地　名古屋市東区徳川町 1017
TEL 052-935-6262
開館時間 10:00 〜 17:00（入館は 16:30

まで）
休館日　月曜日（月曜日が祝日または振替休日の場合は翌日）
年末年始：12月12日〜1月3日（要確認）
入場料　一般1,200円　高大生700円　小中学生500円（毎週土曜は小中校生無料）

富本憲吉記念館
所在地　奈良県生駒郡安堵町東安堵1442
TEL 0743-57-3300
入館時間　10:00〜17:00
休館日　月・火曜（夏休み8月1日〜10日、年末年始12月21日〜1月4日）
入場料　700円　高大生500円　小中学生200円
交通　JR大和路線法隆寺駅よりバス「かしのき台」方面行7分「東安堵」下車徒歩3分）
駐車場　なし

高麗美術館
所在地　京都市北区紫竹上岸町15番地
TEL 075-491-1192
開館時間　10:00〜17:00（入館は16:30まで）
休館　毎週月曜日（月曜日が祝日または振替休日の場合は翌日）・年末年始・展示替期間
入館料　一般500円　大高生400円　中学生以下無料
交通　JR京都駅から市バス9番、京阪三条駅から市バス37番、地下鉄北大路駅から市バス37番　いずれも「加茂川中学校前」下車徒歩1分

大阪市立東洋陶磁美術館
所在地　大阪市北区中之島1-1-26
TEL　06-6223-0055
開館時間　9:30〜17:00（最終入館16:30）
休館日　月曜日（月曜日が祝日または振替休日の場合は翌日）、年末年始（12/28〜1/4）※展示替等のため、臨時休館をする場合があります。
交通　京阪電車中之島線「なにわ橋」駅1号出口すぐ　地下鉄御堂筋線、京阪電車「淀屋橋」駅徒歩5分　地下鉄堺筋線、京阪電車「北浜」駅徒歩5分　中之島公会堂東側

倉敷民芸館
所在地　倉敷市中央1-4-11
TEL　086-422-1637
開館時間　12月〜2月　9:00〜16:15（16:00入館締切）　3月〜11月　9:00〜17:00（16:45入館締切）
休館日　月曜日（月曜日が祝日または振替休日の場合は開館）　年末年始12月29日〜1月1日
入館料　一般700円　高大生400円　小中生300円

【付録】
高崎宗司と行く韓国の旅

2004 年韓国民芸の旅

2007 年韓国民芸の旅

2004年　韓国民芸の旅

はじめに

　これは、浅川伯教(のりたか)・巧兄弟の紹介と彼らについての証言録であり、同時に2004年の旅を通して、巧の愛する韓国民芸（窯場・窯跡・膳）、史跡を高﨑宗司の案内で訪ねた旅の紹介です。

浅川兄弟の生い立ち

　浅川伯教は1884（明治27）年8月4日に、弟巧は1891年1月15日、山梨県北巨摩郡甲(かぶと)村（現在の北杜市高根町(ほくと)）に生まれました。父如作（序策）は弟巧が生まれる数ヵ月前に亡くなり、母けいが妹栄と伯教の三人の子を育てました。幼くして父を亡くした兄弟は、俳句仲間である二人の祖父から、漢学、和歌、俳句、茶道、生花、焼物などを教わりました。

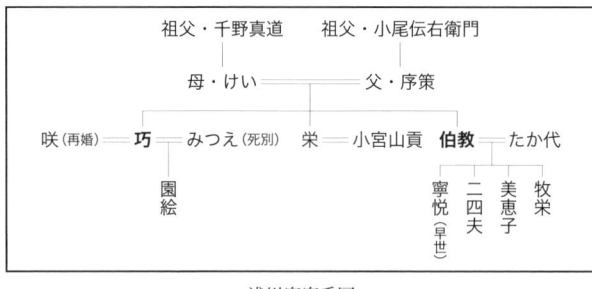

　伯教は1903年、山梨県師範学校に進学しました。1906年、卒業と同時に、山高尋常小学校の訓導（今の教諭）となりました。弟巧は山梨県立農林学校に入学したので、2人は甲府市郊外池田村に住み、池田の実力者小宮山清三と交流し、その影響で、現在の日本キリスト教団甲府教会に通いました。

浅川家家系図

　伯教20歳、巧16歳で洗礼を受けました。巧の農林学校時代、一学年下で終生の友となった浅川政歳は、「巧君はトルストイが好きで、山に木を植えることについても自然を美化するつもりで植えているのだ」と伝えています。巧は農林学校卒業後の1909年から5年間、秋田県の大館営林署に勤め、政歳宛の手紙で、山野の美をうたい、秋田の人々をコーカサスの人びとに見立てて楽しく報告しています。一方、伯教は1910年創刊の雑誌『白樺』を愛読し、1912年には、ロダンにあこがれて彫刻家・新海竹太郎に入門し、本格的に彫刻を学び始めました。

朝鮮へ渡る

　1913（大正2）年、伯教は母とともに日本の植民地となった朝鮮へ渡り、京城府南大門公立尋常小学校の訓導になりました。巧は翌年に朝鮮へ渡り、総督府の林業試験所(のちに林業試験所山林研究院と改称)の技手として造林の仕事に従事しました。

兄弟を相次いで朝鮮へ向かわせたのは、何でしょうか。伯教は朝鮮の美術工芸に魅かれてというのが大きな動機のように思われますが、当時の巧は母や兄に引かれてでしょうか。
　1914（大正3）年8月、甲府の同じ教会に通っていた三枝たか代（大地主の娘）と結婚式を挙げた伯教は、9月、千葉県我孫子に柳宗悦を訪ねました。当時、彫刻家ロダンに心酔していた伯教は、白樺派の柳宗悦がロダンの彫刻を預かっていることを知ったからです。その時、伯教は「李朝染付秋草文面取壺（実際は葫蘆瓶の下半部）」を持参しました。その壺を手にした柳が朝鮮芸術に関心を持つきっかけとなった有名な壺です。

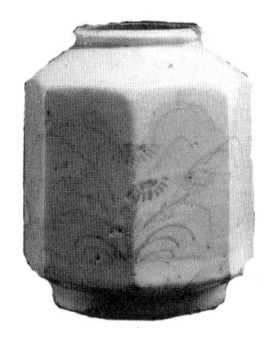

李朝染付秋草文面取壺

　1919年4月とうとう教職を辞めて彫刻の勉強のために日本へ渡った伯教は、1920年、朝鮮人像の彫刻「木履の人」で帝展に入選しました。その時、彼は「朝鮮人と内地人との親善は、政治や政略では駄目だ。やはり彼の芸術、我の芸術で有無相通ずるのでなくては駄目だと思う」と発言（『京城日報』）しています。ちょうど三・一独立運動さなかでのこと、柳宗悦の「吾々の国が正しい人道の道を踏んでゐない」と述べる「朝鮮人を想ふ」（『読売新聞』）を発表した頃でもあります。「朝鮮に居ることが何時か何かの御用に立つ様に」と祈る巧を軸に、朝鮮民族美術館の設立がすすめられていくのです。

木履の人

　伯教は1922年には朝鮮に帰り、さらに彫刻の制作を続けながら、関心を持って調べていた朝鮮陶磁(窯業史)の研究を本格的に発表するようになりました。
　一方、巧は朝鮮語をまず学び、言葉も、衣食住にも朝鮮風を取り入れました。1916年には政歳の姉みつえと結婚し、翌年園絵が生まれました。1921年、みつえは30歳で病死し、園絵は政歳一家に預けられました。伯教のみやげの壺が縁で、1916年以来、しばしば朝鮮を訪ね、巧宅にも宿泊していた柳宗悦の紹介で、京都の大北咲（咲子とも言った）と1925年再婚しました。園絵も咲子になつき、料理上手な咲子との家庭は円満でした。

浅川兄弟の著作

　伯教は、『白樺』1922年9月号に論文「李朝陶器の価値及び変遷に就て」を発表しました。この論文は朝鮮陶磁研究の最初の成果でした。そこで、三島焼・韓国語では粉青沙器(プンチョンサギ)が高麗時代のものでなく、李朝時代のものであることを明らかにしたのです。この論文は当時朝鮮人の間でも高く評価され、朝鮮の新聞にも

浅川咲と娘の園絵

翻訳転載されました。さらに、「李朝陶磁器の歴史」(『朝鮮』1922年93号)、「工芸の内容と我が国工芸の過去に就いて」(『朝鮮』1936年5月)、「朝鮮の美術工芸に就いての回顧」(和田八千穂・藤原喜蔵共編『朝鮮の回顧』1945年) などを発表しました。

単行本には『釜山窯と対州窯』(彩壺会、1930年)、『朝鮮古窯跡の研究によりて得られたる朝鮮窯業の過去及び将来』(中央朝鮮協会、1934年) などがあります。

一方林業に携わる巧は、新しい養苗法である露天埋蔵法を発見しました。さらに、「テウセンカラマツの養苗成功を報ず」(『大日本山林会報』1917年6月号) を始め、「苗圃担当の友に贈る」(『朝鮮山林会報』1924年3月号)、「禿山の利用問題に就いて」(『朝鮮山林会報』1929年7月号) などを発表しました。

当時の多くの日本人が朝鮮人との個人的な交際に消極的であったのと対照的に、巧は朝鮮の人との付き合いの中で、朝鮮語を身に付け、日々の生活の中で朝鮮の陶磁器や民芸品などを使い、李朝の白磁や民具などの美しさに気づくようになりました。

論文には、「窯跡めぐりの一日」(『白樺』1922年9月)、「分院窯跡考」(『大調和』1927年12月号) などがあります。

「正しき工芸品は親切な使用者の手によって次第にその特質の美を発揮するもので、使用者は或る意味での仕上工とも言い得る」。1929年の著書『朝鮮の膳』(工政会出版部。先の論文も、浅川巧著高崎宗司編『朝鮮民芸論集』岩波文庫に収録) は朝鮮の人たちとの長い付き合いや暮らしの中で気づいた言葉から印象深く始まっています。人々の生活の中にある朝鮮の伝統文化の独自性を認め、その歴史や制作過程などをさまざまな膳の挿絵とともにまとめたものです。また、1931年の遺著『朝鮮陶磁名考』(朝鮮工芸刊行会)は、いろいろな種類の陶磁器、生活用品の器を写真や挿絵もたくさん入れ、日本語とハングル、さらにその英語読み表記を義姉たか代の手を借りて残しています。当時はもちろん、現在の韓国人も知らない器の名称が記録されています。この二つの著書は歴史的にとても貴重な名著です。

巧は、1931年4月2日に急性肺炎で亡くなり、その葬儀には多くの朝鮮の人が集い、巧の棺を担ったと言われています。最初は朝鮮人の共同墓地に葬られました。その後、今の忘憂里(マンウリ)に移され、その墓は今も韓国人によって守られています。

なお、戦後帰国した、妻・咲子と独身で過ごした一人娘・園絵は柳宗悦のつくった日本民芸館(東京駒場1936年創設)で働き、1976年相次いで亡くなりました。

伯教の戦後

伯教は、1922年から46年までの25年間に朝鮮全土の700箇所以上の窯跡を発掘調査しました。1945年8月15日、日本の敗戦とともに多くの在朝日本人は帰国しましたが、アメリカ占領軍は伯教の研究の実績を高く評価して、特別在留を許可しました。その間に伯教はそれまでの研究をまとめながら、朝鮮民族美術館を守り続けました。それらは宋錫夏(ソンソッカ)が新たに

最晩年の浅川伯教夫妻

設立した民族博物館に吸収統合されることになりました。そこで、伯教は私蔵の工芸品三千余品と陶片30箱を民族博物館に寄贈しました。それらの品々は今も、韓国の国立中央博物館に受け継がれています。

1946年11月、伯教(62歳)は33年にわたる朝鮮生活を清算して日本に帰国しました。そして、陶器の手入れと茶道・短歌・俳句に専念しながら、窯跡の調査や講演、本の執筆、出版などに励みました。

1964年1月14日、80歳で亡くなりました。

『浅川巧全集』と「浅川伯教・巧兄弟資料館」

浅川兄弟を最初に発掘した高崎宗司は大学院生時代に柳宗悦について関心を持ち、柳がべたほめしている浅川巧とはどんな人かと思いました。そして、1982年に『朝鮮の土となった日本人　浅川巧の生涯』を書き、1996年には、『浅川巧全集』をそれぞれ草風館から出版しました。また、「浅川巧の日記」を兄伯教から預かり、朝鮮戦争の戦火からも守った金成鎮(キムソンジン)氏から、浅川兄弟の故郷山梨県北杜市高根町に寄贈され、「浅川伯教・巧兄弟資料館」を建設するきっかけとなりました。

なぜ今、浅川兄弟なのか

今、わたしたちは、なぜ韓国における浅川兄弟の足跡をたどろうとしているのでしょうか。山梨に生まれ育った深沢は、八ヶ岳の麓に生まれた浅川兄弟について、韓国で兄弟のことを証言してくださる人を求めて、兄弟の足跡を訪ねる旅を、同行者の全面的なバックアップで実現しました。

また、「キリスト者としての兄弟が、日本植民地下の朝鮮でどのようにして才能を活かして活躍し、朝鮮の人たちにどうして受け入れられたのか」と深沢は思いました。

兄弟にとって朝鮮で生きるということは、日本の植民地で、統治国側の人間として生きることでした。その過酷な時代における生き様には、教えられるものがたくさんあります。

兄弟は天才でも、環境や経済的条件に恵まれた人でもなかったと思います。しかし、その兄弟が、非凡で特異な生き方ができたのは、人間としてどうあるべきかを聖書に聴きつつ、常に自己に問いかけながら生きていたからではないでしょうか。兄弟は、今のわたしたちに、「それぞれに才能(タラント)が与えられているのだ、特別な環境や特別な経済的条件を持たない普通の人でも、わたしたちのような生き方ができるのだ」と励ましていると深沢は思いました。

利川(イチョン)の陶芸村からスタート

2004年9月13日午前9時、わたしたち一行5名は、予約したマイクロバスに乗って6日間の旅に出発しました。目的地は京畿道利川です。中部高速道路を走ること、約1時間。昆池岩(コンジアム)のインターチェンジを降りて利川市内に入りました。この利川市

は韓国でもっとも有名な陶磁器村で、おいしい米の産地でもあります。
　ここに向かったのは、浅川伯教と縁があった柳根瀅（号は海剛）と池順鐸という二人の名匠（ともに故人）がいたからでした。柳海剛は伯教に、陶土の産地を教えてもらったり、京都の窯元で修業する機会を作ってもらったりしたそうです。また、池順鐸は若き日、浅川伯教に勧められて陶芸の道に入りました。一緒に窯跡を回って昔の作品に学び、池が初めて作った作品を伯教に買ってもらったといいます。
　利川市の中心部手前に若手の作品の共同展示場である利川陶磁芸術館があります。将来性のある人の作品を安く買えるのが魅力です。柳と池がいた所は、利川陶磁芸術館から1キロほどソウル方面に戻った水広里です。

海剛高麗青磁美術館と柳海剛窯

　海剛高麗青磁美術館には青磁や白磁、その発掘陶片が展示されています。わたしたちが行った月曜日は休館日でした。かなり大きな登り窯が4基ありました。作業場の隅にある陶磁器の破片の山から、「海剛」という名が印されているいくつかの破片を拾うことができました。素焼きのものやきれいな青磁などの破片でいっぱいでした。伯教・巧もこのようにして窯跡めぐりをしたのかと偲ばれました。2代目・海剛を称する柳光烈氏と美術館の学芸員の方、2人とも大学の講義のために外出中であったのは、ちょっと誤算でした。柳光烈氏は浅川伯教・巧兄弟資料館が設立された直後に来館して、その後に初代の作品と陶片を寄贈してくださいました。

池順鐸窯―全永権氏

　近くにある池順鐸窯は2代目の池洙亀氏が伝統を守っていますが、やはり外出中でした。幸いに、池洙亀氏夫人の弟・全永権氏がおり、快くインタビューに応じてくれました。彼の仕事は窯の管理と陶磁器の販売だそうです。全永権氏は池順鐸から浅川伯教・巧兄弟についてよく聞かされていたようです。
　「ハラボジ（韓国語で「おじいさん」ここでは池順鐸のこと）は伯教の誘いで朝鮮陶磁器に関心をもつようになりました。高麗青磁の復元のために、独学で青磁の色の再現方法を工夫してきました。そして、その製法の研究のために全国を歩いていました。ある日、田舎の陶工のおじいさんに聞いたところ、土に木の灰を入れることを教えてもらい、それが復元高麗青磁の最初の成功となりました。朝鮮戦争後は、驪州に来て、古家具の修理などをしながら、デバン洞窯の工場長をしていましたが、財政が悪くなりました。全財産を処分して従業員の給料を支払い、土の良い利川にきて陶磁製作をはじめました。利川を陶磁器の町にしたのは池順鐸です」

池順鐸氏の名品

現在、600近くの窯がある利川市では、その9割が生活陶磁器を生産しているそうです。
　池順鐸窯などが文化財、芸術品を制作し続けてきましたが、それは池順鐸が「古白磁」の制作方法を知っていたからです。青白い白磁の色を復元したのも池順鐸でした。1988年に人間文化財となりましたが、1993年9月に亡くなっています。
　池順鐸窯の事務室の飾り棚には、彼の最高の作品である高麗青磁が保存されていました。わたしたちは初期の青磁作品を手にとって見せていただきました。インタビュー後、池順鐸作のお茶碗で

全永権氏からいただいた湯飲み

韓国のお茶を出してくれた全さんは、記念にそのお茶碗はもっていくようにと言われました。わたしたちは声を上げて喜びました。
　構内の高麗陶窯遺物館なども案内していただきました。(2011年現在、閉館中。)
　全さんは、浅川伯教・巧兄弟資料館の設計図を取り出して見せてくれました。今でも池と浅川兄弟の深い関係が続いていることを知ることができました。
　韓国では最近、陶磁器がとても人気です。利川市には全国各地から観光客や買物客が集まって来ます。その中には日本人も多いようです。見学を終えた私たちは、朝鮮王朝時代の官窯の跡が密集している分院へと向かいました。

　分院へ

　その前に腹ごしらえです。慶安川東・広東里で、わたしたちは辛いピビン冷麺(ネンミョン)を味わいました。
　食事の後、浅川伯教・巧兄弟が、柳宗悦らと1922年と1927年、窯跡調査のために訪れた広州市分院里(本編63P「浅川巧が手書きで描いた窯跡分布図」参照)に向かいました。分院里では、分院窯跡地記念碑を目印に、分院小学校の裏の小さな丘に登りました。最近まで、周辺には破片が散乱して

白磁館床下に展示された陶片

いました。しかし、現在はきれいに舗装されて、文化財保護地に指定されているので、まったく破片など見つけることができませんでした。
　官窯である分院の管理をしていた司甕院(王や宴会用の食事、また官窯を司った)の役人たちの善政を讃えた碑も見落とさないように。役人は任地に着くとすぐ顕彰碑を作ったとか。それ故か、顕彰碑はズラッとたくさん並んでいてきれいに整備されていました。
　舗装された道の奥には、2003年に立派な分院白磁館が建てられ、いままで周辺に散らばっていた白磁の破片が館の床下に集められていてびっくり。また、白磁の種類別に陶片も展示されていました。さらに、発掘の調査過程や陶磁器の製作過程の模型、映像もあり、いい学習の場となっています。

学芸員の方に巧の「分院窯跡考」が収められた『朝鮮民芸論集』をプレゼントしました。
遠くに北漢山、近くに北漢江が見え、昔から有名な風光明媚な地です。韓国の山、川の美しさが心に刻まれた分院でした。分院で焼かれたものに描かれた絵は、この地の風景だったと言われています。

趙 在明(チョジェミョン)・元山林庁林業研究院長

分院から清涼里(チョンニャンニ)までは予定通り、1時間半位で着きました。清涼里には韓国国立山林科学院があります。巧は1915年から亡くなるまで、ここで働きました。創設1913年時の名称は朝鮮総督府農商工部山林課林業試験所であり、ソウルの阿硯里(アヒョンニ)から、1921年に現在の場所・清涼里に引越し、1922年には朝鮮総督府林業試験場と改称されました。
遅れて参加した一人を加えて、午後4時からわたしたちは、趙在明元韓国林業研究院院長(2009年、逝去)と韓相培氏のインタビューに入りました。

趙在明氏(左)と韓相培氏(右)

趙先生は1934年生まれで、1962年に現林業研究院(略称で正式に「韓国国立山林科学院」当時は「林業試験場」)に就職し、韓相培さん(1937年生)の父親である韓寿業(ハンスオプ)さん(1903年生、阿硯里からずっと勤務)、金二万(キムイマン)さん(「木のおじさま」として知られた林業技師)、金甲成(キムカプソン)造林科長、李承潤(リスンユン)場長と一緒に働きました。
趙先生は、インタビュー時は洪林会(職場のOB会)・浅川巧先生記念事業委員会の幹事長として活躍していました。浅川巧を知り、その記念事業に関わるようになった経緯について、次のように話されました。日本語がとても上手です。
「私が巧先生について知ったのは、1964年のことでした。当時、金二万さんや金甲成さん、李承潤さんから巧先生について聞きました。とても偉い方だと思いました。ちょうど同じ年に、巧夫人の咲子さんと長女の園絵さんが巧先生のお墓参りのために、当時の林業試験場長の李承潤さんを訪ねてきたのです。
しかし、その時にお墓の場所を知る人がおらず、見つかりませんでした。2人は日本に帰った後、1枚の写真を送ってくれました。巧先生のお墓から漢江を眺めた写真でした。その写真を手がかりとして九里市(クリシ)の老人たちに聞いて、お墓の位置を確認することができました。九里市は巧先生のお墓から眺められる町なのです。兄の伯教先生が作った壺型の碑が下まで転がっていて、なかなか気づかなかったのです」

浅川巧記念事業

現在、ソウル東郊外・九里市の忘憂里公園墓地にある巧のお墓には、3つの碑があ

ります。1932年に兄の伯教らが立てた壺型の碑と、1966年と1984年に林業研究院の関係者たちによって建てられたものです。後の2つについて、趙先生は話を続けました。
「1966年に、金二万さんと韓寿業さんを中心に、金甲成さん等の協力で「浅川巧功徳之碑」を建てることになりました。当時は時間的、経済的余裕がなく、とにかく早くとセメントで作ったのです。その後に石に替えました。1984年に林業研究院職員一同の意見で、二つ目の追悼碑を建てました」。

浅川巧の追悼碑（林業研究員職員一同）

その碑文は次のとおりです。
「韓国の山と民芸を愛し、韓国人の心の中に生きた日本人、ここ韓国の土となる」

浅川巧記念事業と高根町

巧の故郷・山梨県高根町の人々が忘憂里に初めてお墓参りをしたのは1992年のことでした。そして、1993年に大柴町長が初めて韓国を訪れました。2年後、趙先生の退職後の秋に、大柴町長が再び訪れました。そして、二人は浅川巧の遺業を継承するための具体的な活動を計画するようになりました。その計画とは、①浅川巧の記念碑の建立、②浅川巧の墓地整備、③姉妹都市締結でした。②と③はすでに実現しました。次に趙先生は、残された問題①について話しました。
「もっとも重要な記念碑の建立が残っています。高根町の大柴町長は清涼里の林業研究院内の建立を提案しましたが、ソウル市からは、閔妃の墓地である洪陵（ホンヌン）（1885年、日本の官民によって殺害され、一時ここに埋葬されていました。昔は今の林業研究院も洪陵の構内にあって、今よりずっと広い地域を占めていました）に日本人の記念碑の建立は不可能であると言われました。次に清涼里洞を選びましたが、町内会レベルでは、決定権がないと言われました。
現在、一番有力な記念碑建立の候補地は、林業試験場光陵出張所中部林業試験場（カンヌン）のある京畿道抱川市光陵です。ここには巧先生が植えた樹木が現在も残されています。中部林業試験場内の郡有林を借りて、浅川巧記念造林地を造成する計画でした。この事業にとても熱心だった大柴町長が亡くなり、今後の計画は未定ですね。私の考えでは、造林地に植える樹木を参拝客や追悼者に1本当たり1万ウォン（約千円）で購入してもらったらよいと思います。また、その造林地の中に記念碑を建立する構想も持っています」と。
とても素晴らしい考えです。墓地の移転問題もしばしばおこるので、それも一つかと。韓国では生きている人に戸籍があるように、亡くなった人のために墓籍というものがあります。巧の墓籍には縁故者として趙先生の名前が記されています。
2011年現在、推進役のお二人が亡くなり、これらの問題は今後どうなるでしょうか。

浅川巧の林業研究—露天埋蔵法

　当時の朝鮮の自然界のもっとも重要な問題は禿山の克服であり、それが1922年の林業試験場の発足の目的でもありました。その林業試験場の技手として遺した、巧の林業研究に関するもっとも重要な業績について趙先生に聞きました。
　「巧先生の業績としては、よく知られている露天埋蔵法（朝鮮松の人工造林法）があります。カラマツは普通の種子のように扱うと発芽ができません。人工的な発芽が不可能で、人工造林も不可能であるとされてきました。そのカラマツの人工発芽を研究し、成功させたのが巧先生なのです。種は秋に落ち、自然の土壌の中で、秋の雨にあたり、冬を越して発芽します。それにヒントを得た巧先生は、砂・種・水を混ぜて秋に、土に埋めたのです。翌年の春に掘り出して、種を撒いたら発芽しました。それが露天埋蔵法です。簡単だけど、世界的な発見でした。1940年代のロシアで発表された植物の温度処理に関する理論、そのものです」
　巧が働いていた当時、朝鮮産のカラマツの人工造林は、北朝鮮でのみ可能でした。南朝鮮では不可能であるとされていたそうです。巧はそれを研究し、朝鮮で人工造林が可能なのは日本産のカラマツであることを明らかにしたのです。1917年、光陵に長野県川上村（巧の故郷・高根町の隣村）の信州カラマツを植樹し、それが独立後の韓国の主要造林木の一つになりました。これは、用材木・人工林の中でもっとも古いもので、日本にも残っていない人工林です。
　最後に、趙先生は巧の林業研究に対する姿勢を次のように評価しました。
　「巧先生の林業研究は、自然に合う造林のために、自然から習った方法を適用したものでした。当時の試験場には東京大、北海道大、東北大などの出身の博士も多かったのですが、巧先生の研究は、それらの人たちがしなかった、実質的で実用的な仕事だったのです。1910年代、当時の環境問題に対する浅川巧先生の認識は、思想家のようなものだったと思いますね」

浅川巧と韓さん一家との交流

　韓相培さんの父親・韓寿業さんは14、5歳（1910年代初めごろ）から65歳まで林業試験場に勤務した巧の同僚です。韓さんは父親よりも母親から、巧についてよく聞かされたといいます。それは、巧が住んでいた林業試験場の官舎の隣家が韓さんの家で、1930年に引っ越してからも50メートルほどしか離れていなかったからでした。そして、その近所にはあまり家がなく、寂しいので互いによく往来していたそうです。　さらに、韓さんは職場の金二万さんからも「巧先生と金二万氏が忠清道や釜山、白頭山などに出張に行ったときに、物乞いの若い人の中で見込みのある人を、出張費を使ってでも勉強させたり、区庁などに連れていき、仕事の紹介を頼んだりした。このような話がよくあって、出張費がなくなったりすると、試験場に電報を打ち、出張地への送金を頼んでいた」と聞いていました。
　韓さんの両親は浅川巧の葬式に出席しました。当時の巧の家は大通り（車道）の行

き止まりにあって、その先は牛車やリヤカーなどを何人かが押して越える峠でした。今は平らな大通りになっています。

韓さんが両親から聞いた話では「巧先生の葬式には清涼里(チョンニャンニ)一帯の町から多くの人々が集まり、清涼里、祭基洞(チェギドン)、回基洞(フェギドン)、月谷洞(ウォルゴンドン)、鐘岩洞(チョンアムドン)、石冠洞(ソッカンドン)の代表がお棺を担いでいったそうです。男の人にはお酒が、女の人には封筒に入れたおせんべいが配られ、ソウル市内からおせんべいが大きなトラックで運ばれてきました」ということでした。

浅川巧の葬儀

葬式に多くの人々が集まったことは、わたしたちも知っていましたが、実際に清涼里一帯の町名をすらすら並べる韓さんの話で、より実感が沸いてきました。また、「昔から清涼里一帯は古いものを大切にする、人情あふれる下町だった」と言われています。陶芸家富本憲吉は巧の家に滞在し、清涼里の美しさをスケッチし、陶磁器に模様化しました。兄の浅川伯教一家は良く月見に訪れたと聞いています。今はその面影がないのが残念です。

光陵試験林へ

9月14日午前9時に、わたしたちはマイクロバスに乗って出発し、10時半に中部林業試験場がある光陵に着きました。ソウルの北側に向かうこの道は非常に混んでいました。最近、第二次朝鮮戦争はなさそうだということで、九里市を含むソウルの北側・北緯38度線近くまでの開発が進み、住宅地(アパート群)や商店が数多く建設され、それに伴う道路がまだ整っていないからです。以前から光陵は、韓国人の好きなハイキングや森林浴の名所として知られ、これからますます混んでくると予想されます。

中部林業試験場には高崎の知り合いがいたので電話を入れましたが、転出していなくなっていました。そこで、アポなしの突然の訪問ということになってしまいました。正門の守衛の方に止められ、なかなか入れませんでした。しかし、日本から浅川巧の取材のために来た趣旨を話すと、金錫権(キムソックォン)生産技術科長に連絡をしてくれました。

ちょうど、講演のために出かけるところだった金先生は、歓迎の挨拶をし、自分の代わりにわたしたちの案内役として李栄根(イヨングン)農学博士(山林作業システム研究室林業研究士)を紹介してくれました。

また、金先生はわたしたちに「近くの国立樹木園に連絡しておくから見ていくように」とまで勧めてくださいました。そして、国立樹木園の担当者に電話で「あの、浅川巧先生のこと、知っているでしょう?」といいながら、わたしたちの案内を頼んでくれました。

李さんはドイツ留学経験者で、最近赴任したばかりでしたが、浅川巧については

知っていました。さらに、浅川巧の造った林を見学しているところに金在源所長と曺丘鉉農学博士（山林作業システム研究室林業研究士）も来られました。曺さんは日本の東大留学経験者で、彼らは、植民地時代という暗い過去に韓国の自然界に足跡を残した浅川巧の研究を高く評価していました。

朝鮮松

彼らの案内で、試験場内の1919年に植えられた林を見学することができました。それは、現在残されている試験植林の中でもっとも古いものだそうです。一般的な韓国の樹木は30年か40年前のものが多いのですが、ここには80年以上も前のものがあります。浅川巧が直接植樹したか、あるいは、養苗した可能性の強い樹林でした。

1931年から1945年の敗戦まで植民地の林業試験場長として全朝鮮の林野を踏査し、いくたの試験研究を行なってきた林学者である鏑木徳二氏は、『朝鮮学報』1963年1月号に発表した「朝鮮の森林樹木考」で、次のように述べています。

「紅松は五葉松でチョウセンマツの漢名」である。「学名を（Pinus koraiensis）チョウセンマツというとおり朝鮮の代表的樹種で、丈高く太い直幹の梢頭が4～5本に分岐直立して箒状をなし、林冠をぬいて聳立した様は遠方から一見して紅松の所在を明らかにしている。その球果ははなはだ大きく径9cm、長さ1.5～1.8cmに達し、子実また大きく長さ1.5cm、無翼で美味滋養に富む。材は淡紅色を帯び材質優れ造船材および鋳型材として珍重せられ、わが国随一の宮殿用材と言われるヒノキ材の面影をしのばせるのである」。「天然林は杉松およびモクセイ科のシオジ、ブナ科のナラ等広葉樹との混交林が普通であるけれども、まま、純林に出会わし直径80cm内外の大木林立し亭々天を摩する雄姿壮観は今なお眼底にきざまれている。

チョウセンマツは寒温両帯を郷土とし生育地域が広いうえに、育苗ははなはだ容易で生長迅速造林成績のよろしいことは北鮮および中鮮各地における植栽例で明らかである。アカマツとちがい、陰性をおび林内の下木植栽に適するため、将来雑木林およびアカマツ林改良をかねて全鮮に広く増殖すべき有望樹種と考える」

鏑木氏が、紅松、五葉松、チョウセンマツについて「育苗は、はなはだ容易で生長迅速造林成績のよろしいこと」と書いているのは、育苗試験で、浅川巧が「露天埋蔵法」を編み出したからです。「露天埋蔵法」という方法の名前は、今日の韓国の樹木大図鑑に載っているほど有名だそうです。

お昼は金錫権先生の推薦により、韓国式の餃子鍋料理を味わいました。鍋には椎茸や舞茸などキノコ類や野菜などが入っています。仕上げは、海草が入っている緑色の生地の餃子とうどんです。とても味が良く、思い出に残るお昼になりました。

忘憂里へのお墓参り

帰路の混雑を心配して、国立樹木園の見学を諦め、食後すぐ、忘憂里公園の浅川巧のお墓に向かいました。3万以上の墓の中には、独立運動家や作家、宗教家など、韓国人に尊敬されている偉人のものが多く、唯一浅川巧の墓だけが日本人のものです。

日本の植民統治から自由独立を得るために戦った韓国の人々と支配者の立場にあった浅川巧の墓が同じ場所にあるのです。日本人は名誉なことだと思うでしょうが、韓国人には複雑な思いがあるようです。わたしたちは管理事務所でことわりマイクロバスに乗ったまま、お墓の入口に着きました。すぐに最近誰かがお参りにきたことが、きれいな花束でわかりました。どなたが花束をささげたのでしょうか。お墓はきれいに手入れされていました。お墓の管理に励む林業研究院の人々、趙在明さんや韓相培さんのことを思い出しました。わたしたちは、見よう見まねで韓国式の参拝をしました。

お墓参りを終えたわたしたちは、清涼里の浅川巧の住まいの跡に向かいました。写真で見ていた家は古くなったため最近撤去され、跡地しか見られませんでした。しかし、庭にあった大きな欅は残っていました。

清涼尼寺 （チョンリャンヨシンサ）

巧宅跡のすぐ近くを上って清涼尼寺に寄りました。この寺は浅川巧のお気に入りの場所で、よく友人たちを招いて食事に行きました。土井浜一の「巧さんと尼さん」という追悼文（『工芸』1934年4月号）は、「尼寺では一切朝鮮語の達者の巧さんが世話してくださつた。（中略）巧さんが、ピビンパブと云ふ朝鮮のゴモク飯を、実に手器用に美味しく造られた。私は今だに此の美味さが、桔梗の根と共に忘れられずにゐる」と、その様子を紹介しています。

今は、建物などが現代風、やや壮大に直されていましたが、アパート群の中に埋没したような佇まいです。巧の『朝鮮陶磁名考』の中にこの尼寺の庭にキムチや味噌・醤油を入れて熟成させる甕（オンギ）を並べて置く場所（チャンドックテ）が写真入りで載っていますが、私たちが訪問した今も健在で、尼さまたちの食生活が変わらない証拠だなと思いました。昔日の面影はそこにやっと伺えました。以前はキムチなどの甕はどこにも多くありましたが、最近は田舎でもあまり見かけることのできない風景です。

景福宮（キョンボックン）の中にあった朝鮮民族美術館

9月15日は午前8時30分に徒歩で宿を出発しました。20分ほどゆっくり歩いて朝鮮時代の正宮・景福宮に着きました。内には勤政殿、慶会楼、慈慶殿、慈慶殿十長生煙突、交泰殿峨嵋山煙突など国宝7点、宝物11点があります。また敷地内には国立民俗博物館もあります。

景福宮は1592年、豊臣秀吉による文禄・慶長の役（壬辰倭乱（イムジンウェラン））の戦火によって全焼するという悲運にみまわれ、再建されなかったそうです。しかし1865年、興宣大院君（フンソンデウォングン）が再建に着手し、1868年に復元しました。しかし1895年、閔妃（ミンビ）（高宗（コジョン）の妃、驪興閔氏出身（ヨフンミンシ））が日本人に殺害されるという事件があり、翌年に高宗がロシア公館に避難したことで、景福宮は王宮としての運命を終えることになりました。

1910年、韓国併合によって国権が強奪されるや、景福宮内にあった約200の殿閣のほとんどが壊されました。慶会楼（キョンフェル）と勤政殿（クンジョンジョン）など10棟のみが残り、日本が勤政殿

の南側に朝鮮総督府庁舎を建てることによって、景福宮の景観は完全に破壊されてしまいました。しかし、1996年、あの総督府の建物は完全に撤去されました。そして、現在まで少しずつ1868年の姿に復元工事が進められています。そのためかつての朝鮮民族美術館であった緝敬堂(チッキョンダン)は復元され、浅川や柳が借りた昔日の面影はなくなりました(2011年現在)。浅川兄弟と柳宗悦は、1924年、景福宮内の緝敬堂に朝鮮民族美術館を設立しました。せっかくなので、外側だけでなく、建物の内部を見せてもらおうとしました。しかし、見学のためには約5日前に申し込みをしなければならないとのこと。内部の見学は次の機会にして、今回は、建物の周辺を見てまわりました。建物は香遠亭(ヒャンウォンジョン)の南側にあります。

鄭良謨(チョンヤンモ)元国立中央博物館館長

11時に鄭良謨元国立中央博物館館長のインタビューを鄭先生の研究室で行い、伯教の朝鮮陶磁研究に関する評価について伺いました。鄭先生は伯教の資料収集能力や研究姿勢について、高く評価していました。
「伯教先生は、陶磁器研究の基本である窯跡をめぐり、全国の窯跡から蒐集した陶磁器の破片にラベルを貼って残しました。その数百箱の陶磁器の破片が現在国立中央博物館に残っています。一部の破片を日本に送り、現在大阪市立東洋陶磁美術館に保管されています。また、伯教先生は参考資料をよく集めており、それらは現在国立中央博物館に接収品として保管されています。伯教先生はもの・陶磁器をよく、多く見て回りました。これは朝鮮や美術、陶磁器に対する愛情がなければできないことです。さらに誠実で継続的に調査・観察する姿勢を常に持っていたのです」

鄭良謨先生

伯教は、『白樺』1922年9月号に発表した論文「李朝陶器の価値及び変遷に就て」では、李朝を初期・中期・後期・末期と区分し、初期を三島全盛時代、中期を堅手白磁時代、後期を染付全盛時代と特徴づけました。朝鮮陶磁の時期区分に関しては、学者・奥平武彦氏の時代区分に比べて、実物中心であると説明してくれました。当時としては最高の時代区分であったが、最近は多く修正されていることも指摘しました。

伯教の著書には文章は多くないが、表現能力は高く、窯場や窯跡の絵や絵地図もあり、科学的な分析をしたことも高く評価できると強調しました。伯教は陶磁器の器形のスケッチや図面、地図などを多く残しています。最

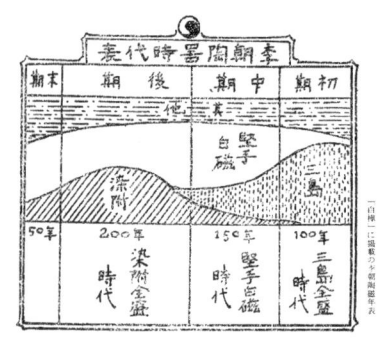

『白樺』に掲載された伯教手書きの時代区分

近その一部が、伯教の長女牧栄の婿にあたる鈴木正夫氏によって、伯教愛蔵の陶磁器とともに大阪市立東洋陶磁美術館に寄贈されました。(2011年にも寄贈。)

続いて『釜山窯と対州窯』(彩壺会、1930年)についての評価と、その歴史的な背景も伺いました。。

「釜山の倭館(対馬藩の外交官が滞在した)で、朝鮮が材料(土、窯)を提供して陶磁器を製作して日本に持っていきました。朝鮮戦争の際に多くの窯跡が破壊されてほとんど残されていません。伯教先生がその破壊の前に調査・研究したことに大きな意義があります。1986年に『釜山窯の史的研究』をまとめた泉澄一さんは歴史的背景に関する研究に優れており、伯教先生の本は陶磁器と現地調査に関する研究に優れていたと思います」

『釜山窯と対州窯』より釜山の倭館の図

蓮の壺と巧の壺

伯教旧蔵品の「青花辰砂蓮花文壺<蓮の壺>」(現在、大阪市立東洋陶磁美術館所蔵)については、次のように話してくださいました。

「<蓮の壺>は大らかで整っています。主文(蓮)を大らかにするために従属文は片方だけに残っています(首の部分と底の部分の両方にある場合が多い)。そのために、蓮の模様が自然に見えます。中国の陶磁器には従属文が多く、空白がなく、余裕がありません。絵画で余白を愛するように、この壺は絵画以上に余白を生かして大らかです。染め、辰砂の発色は難しいですが、蓮の花の中の色の変化、蓮の葉っぱに薄く染めを塗り、隅々に心を込めて描いています。自然風に描いています。人工的なものはないですね。国宝として指定されることに賛成です。その価値は十分あります。私もこの壺をみて、とても感動しました。なんとも言えないおおらかさと包容力を感じ、包まれたいとも思ったぐらいです」

巧が所蔵していた「青花窓絵草花文面取壺<巧の壺>」(現在、大阪市立東洋陶磁美術館所蔵)については、次のように解説しました。

「誇張しない適当なふくらみ、豊満感があり、適切な力がある作品です。これが韓国陶磁器の特徴です。中国では一つの器を縦四つに分けて別々に別の場所で作り、一つの場所に集めてくっつけます。それが中国の大量生産の特徴です。しかし、韓国の焼き物は少量生産であり、一人ですべての作業をこなすので、その時の気持ちによって味が違います。主観的な特徴を持っているため、似ているものはあっても同じものはありません」

この壺が素晴らしいということで、骨董屋の広田熙氏が似たものを探して見つけ出しました。これも今は、東洋陶磁美術館に収められていて、<兄弟壺>と呼ばれています。詳しくは『芸術新潮』1997年5月号の特集「李朝の美を教えた兄弟―浅川伯

教と巧」に写真と解説が載っている旨を伝えました。

その話をすると、鄭先生は「二つ見つかったのは奇跡のようなことですね」と感心されました。＜巧の壺＞は1941年、競売にかかり、それまでの陶磁器の最高価格である15,000円（現1億円相当）を記録したといいます。巧は、この壺をとても愛していました。そこで、伯教は巧の墓標を作るときに、これをモデルにしています。

浅川巧の朝鮮民芸研究

次に、巧の『朝鮮陶磁名考』（工政会出版部1931年）について、伺いました。

「これを読むと、巧先生のほうが朝鮮を愛したと思われますね。短い生涯に多くの著書を書いています。ものに対する愛情を持って韓国の人々に器の用途を聞き、ハングルで表記したので、実際使用している人々はあまり器について関心がなく、名前も知らなかったんですよ。50年前の名前も忘れられています。この著書は歴史的な記録です。名前、用途、絵があるので、生活用陶磁器がどのように使われたのかを知る重要な資料です。

このようなことを思いついたのが不思議で仕方ありません。普通、本を出すとしたら論文などを書き、自分の名を残そうとしますね。実質的な有用なものを詳細に解説して本を出すということ

『朝鮮陶磁名考』より

は珍しいのです。日常生活用品を研究して本を出すことは愛情がなければできません。学術的な論文より価値のあるものです。一般に関心のない雑器に気づき、愛情を持って、調査して本を出すということは、真の偉い学者です。実質的な焼き物研究にとても役立ちますね」

『朝鮮民芸論集』所収の「分院窯跡めぐり」については、次のように話しました。

「地道な作業が研究の基礎となっていることをあらわしています。私が1962年に初めて分院に行ったときには、ソウルの新堂洞からマイクロバスで樊川里まで行き、そこからリックを背負って道馬里に行き、川を渡り、分院まで歩いていきました。朝早く出発しても分院に着くとお昼ごろになります。民家に泊めてもらい、調査を続けました。巧先生が研究していた当時は交通の便も道も悪く、もっと大変だっただろうと思いますよ」

高崎が、「伯教の長女の家に巧遺筆の未公刊のノートがあって、＜康津―鶏龍山―分院＞の窯跡の略図とそれぞれの窯の特色を書いています。朝鮮の三大窯跡の歴史・現状を比較して本を書く予定ではなかったのかと推測できます」と言いました。このような窯跡調査について、鄭先生は次のように評価しました。

「窯の調査は愛情がなければできないことです。窯を調査してからこそ陶磁器がわ

かるのです。私も、康津窯の発掘は1964年から20年間続けました。1960年代初めにはソウルから康津（カンジュ）まで行くのに丸1日かかりましたよ。光州に泊まってから康津邑に入ってさらに現場まで12キロ近くあります。バスで行くと揺れで頭痛がしました。巧先生が当時、康津まで調査に行ったときは2日ぐらいかかったでしょうね。愛情がなければ無理なことなのです」

朝鮮民族美術館の旧蔵品

朝鮮民族美術館の所蔵品のその後についても、伺いました。
「柳宗悦や浅川兄弟が集めたものが、現在の韓国国立中央博物館に残っています。三重県立美術館の土田真紀さんと大阪東洋陶磁美術館の伊藤郁太郎さんが博物館の倉庫を調査し、お膳などを借り出して、三重県立美術館で展覧会に出しました。伯教先生が日本に帰るときに三千点を中央博物館に寄付しました。その台帳が今でも残っているとは思いますが…」

土田さん、伊藤さんに続いて、山林研究院の趙在明先生が中央博物館の倉庫で旧蔵品の写真50点ほどを撮って、高根町の浅川伯教・巧兄弟資料館に寄付してくださいました。

以上の旧蔵品が一箇所にないことをとても残念に思っている鄭先生は、次のように願っていました。

「柳先生や浅川兄弟が愛情を持って景福宮に集めて展示したのに散らばってしまいました。日本にもあるし、韓国にもあります。いつか韓国の龍山（ヨンサン）の新しい国立中央博物館の一室に集めて展示できることを心から願っています」

これは高崎が繰り返し言っていたことでもありましたので、鄭先生から同じ意見を聞いたわたしたちも、とても嬉しく思いました。また鄭先生にはそれを実現する力もおありだと力強く感じました。

伯教の旧蔵品は中央博物館にありますが、国宝級のものはなく、研究のための資料的なものが多いといいます。わたしたちは、それを活用して、韓国の陶磁研究や日韓の関係史の理解に役立てることも願いました。

ここで、「韓国の日常生活品を芸術的に評価するようになったのはいつからですか」との質問に、鄭先生は次のように答えました。

「韓国人の中にも日常生活用品の芸術的価値を評価した人はいたと思いますが、一般的に認識し始めたのはそれほど古くないと思いますね。日帝時代にもお膳などの日常生活用品を蒐集したのは日本人だったからです。日本人が見て日本と違う形の特徴に美しさを見出して評価したのです。お金を持っていた日本人が買い集めるのを見て、韓国人も関心を持つようになったのも事実です。

それは、巧先生の著書『朝鮮の膳』がきっかけとなったと言っても過言ではないですね。格の高い著書だと思います。絵も素晴らしいし、その配置も素晴らしい。その本自体が芸術品ですよ。その素晴らしい著書に載っているから膳というものは素晴らしい、というふうに認識することもあったと思います。やはり日帝時代がその出発であったと言ってもいいです。巧先生の後に韓国人が朝鮮の美術史などを書き始めたの

ですから」
　さらに、深沢が「日本からも明治初期に欧米諸国へ優れた文化財が安く買われていきましたが、その後、買い戻したりしています。韓国ではどうしようとしていますか」とお尋ねしました。鄭先生は、「日本が韓国の文化財を持ち帰ったのは悪いですが、そうでなかったら朝鮮戦争のときに破損・破壊された可能性が高かったのではないですか」と指摘されました。怪我の功名です。さらに言葉を続けられました。
　「日本人はよく保存していますね。日韓の経済的な差によるものだとは思いますが、日本では、学者と政府、一般市民の国民的合意が優れ、芸術品の買い付けが行われています。韓国では今まで、骨董屋が稼ぎのために買い付けていただけですね。国立博物館ではここ４、５年の間に、日本・中国・韓国のものを日本の競売で買い付け始めました」
　鄭先生のお話は、自らの現場調査経験をもとにした充実した内容でした。
　窯跡めぐりや破片の収集などは、これまでの韓国の教育では教わることのない地味なものでした。侵略者の日本人がそんな地味な作業に時間と金を費やしたことが、今日の韓国の伝統文化認識において貴重な資料を与えてくれたと話されました。

裵満実元梨花女子大学教授と『朝鮮の膳』
（ペマンシル）

　宣陵駅で降りたのが午後三時前です。近くの約束の場所・ルネサンスホテルのロビーに着いたわたしたちは、とても背が高く、淡いピンク色のスーツ姿の婦人を見かけました。恐る恐る伺ったら、裵満実元梨花女子大学教授ご本人でした。82歳の退官教授には見えないほどの若さでした。
（ソンヌン）

　韓国において、浅川巧著の『朝鮮の膳』について言及したのは、裵先生の著書『李朝家具の美』（セグル社、1975年）が初めてです。研究のための資料として見つけたそうです。『李朝家具の美』は、巧の本が出版されてからほぼ半世紀後に出ただけに、「精確な知識の書」という側面では、巧の本に勝ります。たとえば盤型などについての調査は、より広汎に行われています。しかし、今日ではすでに見られなくなってしまった半月盤のような珍しい型の膳などについては、『朝鮮の膳』に負っています。いずれにしろ、『李朝家具の美』の「第二編　膳」に引用されている文献の中で最も多く引用されているのが『朝鮮の膳』です。『朝鮮の膳』は今でも、朝鮮木工研究者が第一に参照すべき文献です。
　裵先生は、当時のことを次のように話してくれました。
　「1960年に梨花女子大学に就任しましたが、学生に教える、見せる伝統家具もなく、与える資料もありませんでした。そこで自ら、仁寺洞などの骨董屋街に行くしかありませんでした。韓国伝統のもの、昔のものを見せるためには資料・本がなければならないと思ったのです。当時は専門的なカメラマンも少なかったために、自らカメラを持ち歩き、伝統家具の蒐集家、愛蔵家の家を回り、写真を撮らせてもらいました。家具は大きく、外に出すと壊れるからと言われて、窮屈な倉庫や物入れの中で撮ったので、出来がよくありません。『李朝家具の美』に掲載されている家具の写真は、ほとんど直接、わたしが撮ったものですよ」

裵先生はアメリカで研究された方ですが、韓国人なら韓国の伝統の美を次世代に伝えなければならないと思って、古家具に関心を持つようになりました。装飾美術の勉強をしているうちに、お膳がきれいに見えてきたそうです。しかし、学生たちは、あまり古家具に興味を示さず、現代のものに気を取られることが多かったようです。

　このお話を伺いながら、李尚珍は、裵先生のような情熱を持ち続ける方がいるにもかかわらず、多くの韓国人に伝統文化への認識が不足していると思いました。韓国の伝統の美を見出し、理解してきたのは、当然韓国人です。しかし、鄭先生も指摘されたように、その価値を認めて、蒐集家個人のためでなく、国家・民族のために保存し、後世へ伝達することが必ずしもうまくいっているとは思われません。そのためにも、柳宗悦や浅川伯教・巧兄弟を分析して、不足を補いながら、伝統文化への認識を深めていかなければならないと思いました。

　裵先生のお話は続きます。

　「わたしは、大変な状況の中でも、伝統文化への関心を持ち続け、多くの資料を読みました。特に、柳宗悦先生と浅川巧先生の著書が昔のものを対象とし、学術的にみても素晴らしいと思いました。巧先生が自ら朝鮮の古いものを見て美しいということを感じながら、そのまま書き込んでいるのは、とても感動的なものでした。そこで、わたし自身も、巧先生が素晴らしいと評価したものを見つけて、著書『李朝家具の美』に引用しました。

　また、安倍能成（浅川兄弟の友人で京城帝国大学の教授だった。『青丘雑記』などの随筆がある）の朝鮮に関するエッセイなどを読み、同感しました。日帝末期の朝鮮に関する本を書いたのは、評価すべきことでした。関野貞の建築関連本も読みました」

　さらに、巧が韓国の文化の貢献者であると評価し、1920年、30年代に、韓国人は工芸に対する認識がまったくなかったことも指摘しました。「韓国人の伝統に対する関心は、最近になって、ようやく高まってきましたが、日本人のほうが伝統に対する関心は高いですね」と評価しました。1975年に『李朝家具の美』を出版したときは、伝統家具に対する一般の関心は低く、評価してくれたのは研究者だけだったそうです。「1980年代に外国人による韓国の伝統家具に対する関心が高くなり、韓国人も自国の伝統文化に関心を持つようになりました。特に金持ちが骨董品を多く買い集めました」と付け加えられました。

　先生は、「これからさらに韓国と中国と日本の家具の比較研究をしたい。すでに日本の大学と連絡を取っている」とも話されました。研究者としての心構えを考えさせられる一日でした。

　インタビューが終わると、先生は、自ら車を運転してホテルを後にしました。内も外も姿勢の良い、格好いい女性だと思いました。

鄭好蓮社長（チョンホヨン）

　わたしたちはルネサンスホテルを出て、再び地下鉄2号線に乗って、乙支路入口（ウルチロ）駅に向かいました。午後6時に、ロッテホテルの地下1階にある陶磁器専門店「陶遊」の鄭好蓮社長を訪ねました。鄭社長はさりげなく茶道の先生を呼んで日本式に抹茶を

立て、池順鐸や千漢鳳(チョンハンボン)の作品にお抹茶を入れてくださいました。とても貴重な体験であり、心に残るおもてなしでした。

鄭社長は在韓日本人の世話役をよくされています。また、巧のお墓の案内役もなさっています。長く池順鐸窯の事務を担当していたため、池順鐸から浅川兄弟についてよく聞かされていたようです。彼女自身の思いを次のように語ってくださいました。

「巧先生は白磁が好きで、撫子(なでしこ)のイメージとわたくしは思っています。池先生のお墓参りをしていましたら、巧先生が引っ張ってくれました。巧先生という良い人がいると、最初は友人ら3人でお墓参りをしました。それが9人になり、15人になり、30人になってしまったのです。先週も日本の三島から来た人とお墓参りしました。管理所の人も皆良くしてくれます。巧先生のことで働くと、良い人に巡り逢えます。巧先生も窯跡巡りをしたときに、民家に泊めてもらったり、良い人に出会ったりしていますよね」

伯教・巧を訪ねて歩くと良い人に出会う。これは今回の旅行で私たちも実感しているところでした。先に書いた私たちの墓参の時にあった花束は鄭さんたちのものであることもわかりました。

「私自身、陶磁器に強い関心を持っており、日本の有名な窯地を北から南まで何回も回りました。そこで、伝統が受け継がれている様子を見て、韓国の現状を嘆いたのです。韓国の匠(たくみ)に対する偏見、家業に対する認識不足などを実感して、浅川兄弟の業績の偉大さを改めて感じました。浅川兄弟のおかげで、韓国の陶磁器や工芸品の伝統も守られています。その思いを尊重し、その精神を忘れないようにしたいと思っています。その気持ちが在韓日本人の方々にも通じて、「浅川巧先生を想う会」を設けて、毎年の巧先生のお墓参りを中心に、その偉業を多くの人に伝えようとしています」

鄭さんは、「忙しいので店をたたもう」と思ったこともあるそうです。しかし、「そうした時に必ず、巧先生の韓国に対する気持ちと業績に感動して訪ねてくる人々がいて、店を続ける気になります」と笑顔で話しました。

鄭さんは浅川巧の『朝鮮陶磁名考』にちなんで、百種類近い陶磁器を山梨の高根町にある浅川伯教・巧兄弟資料館に寄贈しました。しかし、そのことを少しも自慢しないところが素晴らしいと思いました。鄭さんのお話はさらに続きます。

「巧さんの人類愛を皆に広めたかったのです。昔は焼きものをつくっている人の身分は低くて、資料などは残さなかったし、一代で終わりです。それで資料を求めているうちに、巧さんの『朝鮮陶磁名考』に出会ったのです。この本は昔の言葉、今使っていない言葉で用具を説明してあり、それで陶磁器用語を覚えたのです。巧さんの本に書かれている『人が生まれてから亡くなるまで』に出会う焼きものを集めて、それを浅川兄弟資料館に寄付しました」

「使う陶磁器の判別、前後などを間違えないでほしい」とも話されました。巧の『朝鮮陶磁名考』に載っているさまざまな器物は、巧が言うように「第一に器物本来の正しき名称と用途を残すこと」でした。浅川兄弟資料館に寄付されたその陶磁器が朝鮮の人たちが使っていた通りの名称で、用途の説明をして、いつも展示されてほしいと強く思いました。

ロッテホテル地下の〈陶遊〉からは、北に歩いて仁寺洞まで足をのばしました。お

腹をすかせて、夕食は、鍾路の宿の近くまで戻り、朝晩その前を通った格式ある韓国料理屋、韓一館で、韓国料理の中でもっとも有名な肉料理プルゴギを食べました。

梨花女子高校
イファコジャコトゥンハッキョ

浅川伯教が1919年に教員をやめて陶磁器研究に専念するようになった時、その家庭を支えたのは妻たか代でした。たか代はその時期、貞洞（チョンドン）にある梨花学堂（イファハクダン）、現在の梨花女子高校に勤めていました。巧の日記に良く登場する「貞洞へ行く」という言葉はこの学校の目の前に住んでいた伯教宅のことで、日々訪れ、"清涼里の狸がやってきた"と母けいにからかわれながら

梨花女子高校による毎年の墓参

ら も、夜は陶磁器や工芸品漁り（古美術商巡り）をしていたのです。この梨花学堂出身の柳寛順（ユグァンスン）は韓国のジャンヌダルクと呼ばれ、韓国人では知らぬ人のない有名人です。1919（大正8）年、三・一独立運動が勃発すると朝鮮総督府から各学校に対して休校命令が下されました。彼女は故郷の天安（チョナン）に帰り、教会関係者などのデモの先頭にたったのです。しかし、日本の憲兵警察は群集に発砲し、柳寛順の父母も死亡しました。

その韓国ソウルの梨花女子高校と山梨英和高校とは現在姉妹校であり、交換留学を重ね、毎年梨花女子高校の生徒たちが忘憂里へ浅川巧の墓参に行っています。政治的に反日感情が今も強い韓国内では珍しいことであろうと思います。

浅川伯教の妻たか代は1905（明治38）年、山梨英和女学校（現私立山梨英和高校）を卒業し、その年メソヂスト甲府教会（現日本キリスト教団甲府教会）で洗礼を受けています。伯教の受洗は前年の1904(明治37)年で、二人は教会生活で結ばれました。1914（大正3）年伯教30歳、たか代27歳という当時としては遅い結婚でした。たか代は現韮崎市穂坂町の旧家である大地主三枝家の長女であったため、結婚をなかなか認められなかったためでしょうか。1914年二人は結婚と同時に朝鮮に渡っています。二人の次女上杉美恵子さんは子供時代もずっと朝鮮に住んでいたせいか、記憶では一度くらいしか穂坂には行ったことがないと話しています。

陶磁器研究（窯跡巡り）で家を離れることが多かった伯教は家族に鉄砲玉と言われていました。その留守や家庭の経済は妻たか代が支えていました。たか代が40歳過ぎからは伯教も啓明会から支援を受けるようになり、母も教職を辞めたと上杉さんは語っています。たか代さんも梨花女子高校と出身校との交流を喜んでいるでしょう。

終わりに

この旅は浅川兄弟について韓国に在って、今も記憶し、尊敬し、慕っている方々を大したアポなしでお目にかかり、お話を聞くことができた旅の報告です。いずれの方々も暖かく私たちを迎え、思いの丈を話してくださいました。私たちを結ぶ絆は浅川伯教・巧兄弟でした。このご縁を大切にし続けたいと願ってこの報告を記しました。

2007年 韓国民芸の旅

はじめに

　2003年9月より実施してきた「巧の旅」(韓国民芸の旅)も2007年3月出発で4回目を迎えました。今回は、私の親しい友人である柳寿仁(リュスイン)さんの故郷「安東・回河村(アンドン・ハヘマル)」を中心に、伝統ある古寺、陶磁器、膳の工房も訪ねます。回河村は、李氏朝鮮時代そのままの生活様式を今に伝える民俗村として有名で、2010年に良洞村とともに村全体がユネスコの世界遺産に登録されました。

　柳寿仁さんとは、鄭好蓮(チョンホヤン)さん(陶磁器専門店「陶遊」社長)が毎年主催している「浅川巧の墓参」で知り合いました。鄭好蓮さんは多くの人に浅川伯教・巧兄弟を知って欲しいと「浅川兄弟を想う会」を主催し、毎年命日前後に朝鮮式墓参を実施しています。

　その墓参のマイクロバスで、深沢の隣の座席にたまたま乗り合わせたのが柳寿仁さんです。ご自分は安東柳氏(アンドンリュ)の13代目にあたるとのことで、手帳に書き付けた韓国の族譜(チョッポ)を見せてくださり、ご先祖様である始祖から始まっている系図にびっくりしました。それがご縁で2007年1月に日本の私の家にお招きし、数日間の滞在のあいだに戦前の日本式教育を受けた生い立ちなどを伺い、それを私が冊子にまとめたりして、親しい友人になりました。浅川巧が結んだご縁を感じます。

原州から浮足寺(ブソッサ)、凰停寺(ポンジョンサ)へ

　2007年3月28日に仁川空港から韓国入りした私たち一行15名は、江原道(カンウォンド)・原州(ウォンジュ)のホテルに夜8時頃到着。さっそく翌日は栄州市浮石面北枝里鳳凰山(819m)の麓に位置する「太白山浮石寺(テベクサンプソッサ)」詣でです。しかし浮石寺の入場券発券所に着く前に、地元のおばさんたちによる摘み立ての野草やリンゴが並ぶ参道の売り場に引っかかり、時間を取られました。今回の旅には84歳の私の母も参加しましたが、すでに参道のかなり先を歩いていた母から杖を買ってくるよう携帯に電話が入ったので切り上げ、発券所で杖を借りて急いで参道の坂道を登っていきましたがその長いこと。

　やがて「太白山浮石寺」と書かれた門札を掲げた一柱門にさしかかりました。ここから段々ときつくなってくる参道の両側には春一番に咲く黄色

柳寿仁さん

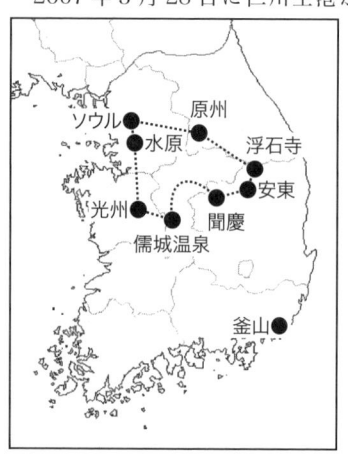

2007年韓国民芸の旅ルート

の山茱萸が満開で、また寄り道をしてしまいます。息を切らせながら登って行くと天王門（寺の入り口にある四天王を安置した門）があり、門を過ぎ、石段を上がって後ろを振り返ると四天王に一礼をしている人もいて、ただ通り過ぎた私もあわてて頭を下げました。さらに行った参道の上でやっと母に杖を渡すことができました。

浮石寺は千三百余年前、義湘大師（625〜702）が王の命を受けて建てたもので、華厳経を広める為に建てたという華厳十刹の一つです。

寺の名になった浮き石

お寺を建てる時にまつわる義湘と善妙の説話は有名です。義湘大師が唐（618〜907）に留学したときに出会った信徒の娘善妙は、義湘が国に戻ると伝え聞くと海に身を投げて龍の姿になり、国に帰る義湘の航海を守りました。また、新羅帰国後に浮石寺を建てようとした義湘大師は、異教徒からの激しい妨害を受けましたが、その群れの前で善妙龍は空中に岩を3回浮かせる奇跡を行い、異教徒を屈服させました。この時できた浮石は無量寿殿の左側に今もあり、大きくて平たい岩が地面から浮いていることからこの寺の名前が「浮石寺」と付けられました。

日本でも「善妙」という名は「義湘大師」とともに高山寺に所蔵されている国宝『華厳宗祖師絵伝』に描かれています。

浮石寺は入口の天王門から安養門に着くまで山麓から三段ほどに分けて大きく石築が積まれており、それぞれの段がまた石段で分けられています。また、韓国にしては珍しく色彩のない古色蒼然なままの梵鐘楼・安養楼が順に見え、大小さまざまな自然石による雄大な大石壇と、長短入り交じった108石段で、一番上に無量寿殿が見えて来るという伽藍配置になっています。

上まで108の石段を登りますが、これは108の煩悩からの救いの意味がこめられているところは、日本の除夜の鐘にも通じるものでしょう。本殿の無量寿殿に行くには梵鐘閣、安養楼と石段を登って行きます。切り妻屋根の二重楼閣である梵鐘閣は正面が横に向いていて特異な姿。安養楼の楼門をくぐり、最後の石段を上がると韓国国宝の石燈（国宝17号）、本殿無量寿殿（国宝18号）と向き合います。安養門の上は極楽に向かう入り口を意味する"安養"という楼閣で、その向かい合わせにあるエンタシスの曲線美を強調した「無量寿殿」は高麗時代(1376年)に作られた木造建物で、その中には塑造如來坐像(国宝45号)が安置されています。また、それ以外にも多くの遺物と遺蹟があります。

浮石寺安養楼（奥が無量寿殿）

境内に入ると新羅人の息吹を感じさせる高い石築があり、高麗・朝鮮時代を通じて

重建されてきた建物規模も壮大で、安養楼から見た景色は雄大な上に水墨画のように山々が重なり、清々しい見事な展望です。
　境内の伽藍配置はいわゆる観無量寿経にある「三輩九品往生の教理」によるもので、仏陀は衆生をその修行力と品行によって、極楽世界に至る九品に区分し、3品をめいめいの功力に合わせて善を積み、阿弥陀仏の冥護を唱えながら修行に励めば極楽に行けると教え、その意味をこめ、浮石寺は上・中・下壇の配置にしたということです。他に、寺の中には国宝である祖師堂 (国宝 19 号)、祖師堂壁画 (国宝 46 号) 等があります。
　この浮石寺で昼食を無料で食べられると聞いていたため、予約なしでしたが申し込みましたら、さすがに 15 人もいるなら「40 分待ってくれ」とのこと。そして、しばらく境内で待ったあと、有り難く昼食をいただきました。事前準備のお布施をお渡ししましたら、お茶をどうぞと勧められました。日本の北アルプスに行ったことがあるという僧からお話をうかがい、韓式茶道お手前の披露のもと、相変わらずの遠慮なし精神で、感謝していただきました。
　帰路、いつも下をキョロキョロする癖のせいか、刷毛目の破片を見つけて大喜び。いつの時代だろうかと想像をめぐらせます。なお、この寺も 2011 年現在テンプルスティが実施されています。

浮石寺

住所：忠清南道 瑞山市 浮石面 翠坪里 160
電話番号：(054) 633-3464
入場時間：[夏]06:00 〜 19:00、[冬]07:00 〜 18:00（年中無休）
入場料：1,200 ウォン（子供 800 ウォン）
駐車料：3,000 ウォン（大型 6,000 ウォン）
行き方：ソウル東ソウルバスターミナル (地下鉄 2 号線「江辺駅」) から栄州バスターミナルへ（所要時間約 2 時間 30 分、30 分おきに運行、始発 6:15 〜最終 20:45、料金：約 13,000 ウォン）。栄州市内バス 2 番に乗り「市内農協」で下車後、「浮石寺」行きの市内バス 55 番バス（一日 15 回運行）に乗り換え「浮石寺入口」で下車。所要時間約 50 分。
(2011 年現在)

安東の鳳停寺（ポンジョンサ）

　浮石寺から飛ばした折り紙の鳳凰が降り立ったところに寺を建立したことから名づけられた、という伝説を持つ鳳停寺は、672 年に建立された仏教寺院です。
　直木賞も受賞された金胤奎（キムユンギュ）こと立原正秋が幼少期を過ごした所です。立原の父が鳳停寺の僧であったといういわれもあり、春まだ浅き人気のない参道をたどっ

韓国最古の建築「極楽殿」

ていくと、まさしく立原正秋の少年時代の世界に入っていくような気配を感じます。山深くにあるせいか、古くは秀吉の侵略軍からも免れてきたにもかかわらず、寺誌や経典は朝鮮戦争のときにすべて消失してしまったのです。そのため、細かい記録は謎とされてきました。極楽殿(クッラッジョン)は韓国でもっとも古い木造建築だそうです。1973年に完全解体修復が行われ、その際に上梁文(サンニャンムン)(棟上げを祝う文)が発見され、それを元に1363年に瓦を吹き替えたということがわかりました。最初に修復された1363年から150年遡った新羅時代の建築様式であり、12世紀中盤の建築ということであれば、韓国で最古の建築として国宝15号に指定されました。端正な切妻屋根の建物で、主柱は中間が膨らんでいるエンタシス様式。1973年、完全修復で色も塗り変えられ、現在のように彩色されました。日本人的感性には外観から見て古さは感じられず、史跡修復の難しさを思わせられます。鳳停寺境内の建築物は各時代の様式をよく表わして、建築物の歴史を一箇所で見ることができると言われ、当日詳しく説明を聞きました。解説者が帰ろうとしたら熱心そうな集団が来たと言うことで、私たちは見込まれて丁寧な説明をいただいたのです。解説者は高麗時代の特長を良く表した「極楽殿」、朝鮮時代初期の「大雄殿(デウンジョン)(宝物55号)」など、朝鮮半島の木造建築の系譜を史跡価値を含めて説明してくださいました。この他、霊山庵、3段石塔、古金堂、華厳講堂の6つの国宝を見ることができます。

　急な階段を上がって楼閣が門のように構える様式は、急傾斜に立つ建築によく見られ、浮石寺もその類と思います。入り口をくぐるとき、人間が跨ぐ動作をするとき、体が屈み、謙虚な姿勢を自然に作り出す配慮からなのだとか。正面の大雄殿は観世音菩薩と地蔵菩薩を脇侍に釈迦本尊を奉っている本堂です。1999年にイギリスのエリザベス女王は鳳停寺を訪問し、「美しい寺院」と称え、「静かな山寺、鳳停寺で韓国の春を迎える」というメッセージを残しました。エリザベス女王が記念としてサインした瓦が大雄殿の真ん中に据えられ、未だ色が違うので分かります。大雄殿は正面3間、側面3間の八作屋根がのった朝鮮時代初期に建てられた多包式建築(垂木が柱の上だけでなく、柱と柱の間に置かれている形式のこと)とされています(国宝311号)。柱と柱の間には枡組みがあり、屋根の反りを支え、均整の取れた反りは格別です。

　韓国で一番古い建築と確認された極楽殿の前に立つ三層石塔(サムチュンソッタッ)は高麗時代に造られたものとしては、比較的状態がよく高さ3.5メートル、二重基壇に三層の塔身を持ち、五輪もはっきり分かります。古金堂(コグムダン)は参禅に使用される禅室で、1616年に大幅な修繕がなされ、1969年に補修工事がなされています。宝物449号。霊山庵(ヨンサンアム)は鳳停寺の付属寺で、映画の撮影地にもなりとても雰囲気がよいと言われましたが、行きませんでした。

　鳳停寺は韓国のお寺の中で、殿閣配置が一番優れているといわれています。これらのことを、ボランティアで解説をしてくださった方から詳しく教えられました。さらに、日本の木造の塔と違って、韓国は石塔が多く1400個石塔があるそうです。安東はその中でも石塔が多く、100箇所以上瓦が付いているとか。鳳停寺の建築は鳥が羽ばたいているような朝鮮建築の特長をよく現し、それが大統領府の建築にも応用されています。また、解説者は私たちに問いかけました。「風鈴に魚が付いているのに気づきましたか。ここでの参禅は寝る暇もないほど過酷なので、魚にたとえて、魚は寝

るときも目を開けているから、魚のように励みなさいと言うことです」

鳳停寺
住所：慶尚北道 安東市 西後面 台庄里 901
　　　キョンサンブット　アンドン　ソフミョン　テジャンリ
電話番号：(054) 853-4181
営業時間：7:00 〜 18:00
入場料：大人 1,500 ウォン、学生 1,000 ウォン、小人 500 ウォン
行き方：安東市中心部の市外バスターミナルから向かいに渡り左方向。バス停「安東小学校」からバス番号 51 番「鳳停寺」行き乗車。料金 800 ウォン。所要時間約 30 分。
安東小学校発 6:00/8:15/10:30/12:40/14:40/17:10/18:50
鳳停寺発 6:50/9:20/11:30/13:40/15:40/18:00/19:30
（2011 年現在）

臨清閣に泊まる
　　イムチョンカク

今晩泊まる宿は、朝鮮王朝時代の両班の家「臨清閣」に予約しています。鳳停寺を出てマイクロバスに乗り、運転手が探してくれた安東駅近くの食堂に着いたときは降り出していました。ゆっくり食事して今晩の宿、安東臨清閣に着いたときはどしゃ降りの上、雷・稲光も。私たちはすぐに部屋割りをして各部屋に入りましたが、母屋から離れた君子亭と言う両班の迎賓館のような一戸建てには、年配の方に入ってもらいました。
　　　　　　　　　　　　　　　　　　　　　　　　クンジャジョン

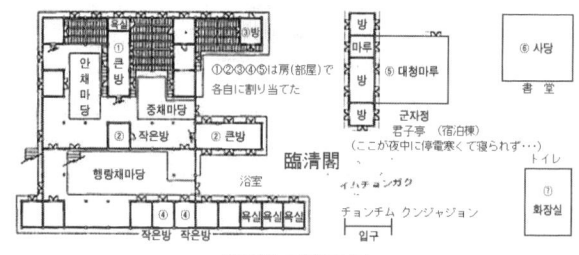

臨清閣の間取り図

まだ 3 月のどしゃ降りの夜中では床暖房があるのは当たり前。しかし、この旧邸宅でもつい最近までは薪床暖房だったそうですが、一人では手が足りず電気のオンドルにしたのだそうです。文明より数百年、いや千年単位の薪という生活基盤を、人手を補うため旧邸宅も電気に頼らざるを得ない時代になったということでしょうか。薪が良いとは、他人が、いや外国人がとやかく言えません。この宝物第 182 号に指定されている旧邸宅を守り、文化財といえど使用してこそ美という精神をここに活かし、韓屋のおだやかな趣も生かすことに成功している邸宅守に感謝こそすれ文句は言えないのです。(2011 年現在は宿泊不可)

臨清閣君子亭

臨清閣は日帝時代、日本植民地化に反対してつくられた韓国日帝強占期（強制的に占領されていた時代という意味）臨時政府の初代国務領（国家元首）であった石洲こと、独立運動家の李相龍(イサンリョン)（1858〜1932）が生まれ育った家だそうです。臨清閣の成立は1515年両班当主が安東の自然の風景の美しさを好み、安東に定着して建てた建物です。本来は一般の私邸で建てられる最大の規模の99間の豪邸でしたが、日本が鉄道を通すときに、庭を横切るようにあえて設定して、半分の50間だけが残るようになりました。韓国の両班住宅は、夏の生活スペースである開放的な板の間と、冬の生活スペースであるオンドル部屋が配置されています。臨清閣の離れの精舎である君子亭は、朝鮮時代中宗の時代に建立したもので、鳳停寺の極楽殿と共に壬辰倭乱(イムジンウェラン)（秀吉の侵略）を避けられた安東の古い木造建築物の一つで、建築学的な価値も高い建物だそうです。また「臨清閣」という堂号は中国の詩人陶淵明の『帰去来辞(ききょらいのじ)』の中の「臨清流而賦詩(イファン)（清流に臨みて詩を賦す）」から取ったもので、顎は李滉(1501〜1570、退渓(テゲ)は号)の自筆として有名です。李滉は、地位や名誉は望まず、朱子学を大きく発展させ、朝鮮史上最高の儒学者とされている人物。その思想は日本の藤原惺窩、林羅山をはじめとする朱子学者たちにも多大な影響を与え、現在の1,000ウォン札の肖像画にもなっています。

　李相龍(イサンリョン)直系の子孫である邸宅守のイ・ハンジュンさんは、韓紙を使って家具まで作ってしまう韓紙家具の工芸家で、ご自分の部屋に招いて箪笥等の韓紙家具を色々見せていただきました。私が韓紙の膳を買いましたら、茶托や皿まで付けてくれました。

　それにしても、これらの邸宅は、前は川に臨み、後は山が迫る風水の良き地を選んだだろうに、日帝時代に目の前を線路に遮られてしまい、醜いコンクリートと合成樹脂の壁しか見えなくなってしまったのは残念無念。ここでも日本帝国時代の意地悪を目の当たりにした思いです。

　臨清閣に並列した隣は新世洞七層塼塔(シンセドンチルチュンジョンタプ)と固城李氏塔洞派(コソンイシタプトンパ)の宗宅(本家)で、塼塔(チョンテク)は千年を経てここに現存する韓国最大最古のもので国宝16号に指定されました。高さ16,8m、幅7,75mの塔です。この塔がある場所の名が法興里(ヘリ)であることから、8世紀統一新羅時代(654〜935)の法興寺の塔のようですが、今は寺の遺物は何も残ってないそうです。そこの法興寺跡に固城李氏塔洞派の宗宅（本家）があり、今も固城李氏塔洞派の子孫が暮らしています。塼塔は安東地方に多い瓦を七層に乗せてあったようですが、今は第二層と第三層に残っているだけで、この塔が作られた当時の美しい景色は鉄道と安東ダムがふさいでしまい見られなくなったが、千年たった今日も高くそびえて力強く居続けているのは不思議でもあり、築塔力の高さを思い、日々地面を揺らす鉄道の振動と騒音にさらされ、劣悪な環境の中で国宝が千年目の今日を生き

左から列車と塼塔と宗宅

143

ているのは痛ましく感じました。

　翌日、邸宅守のイ・ハンジュンさんとの朝の別れは名残惜しくこれからも頑張って欲しいと思いましたが、2011年現在閉鎖されているようです。旧邸宅は課題が多いのかもしれませんが、残念です。

　『死ぬまでに見たい世界の名建築韓国編』の著者マーク・アーヴィングが選んだ韓国の建築物6件のうち、「浮石寺無量寿殿」、「臨清閣」と2件も一日の内に訪ね、なおかつ泊まることもできたことは、現在閉鎖されている場所もあることを考えると本当に貴重な体験だったと実感しています。

安東「屛山書院(ビョンサンソウォン)」へ

　3月30日今日はいよいよ安東です。まず、屛山書院は慶尚北道安東市豊川面(キョンサンブクドアンドンシブンチョンミョン)屛山里(ビョンサンニ)にある書院です。屛山書院は朝鮮時代に建てられた書院の中で最も美しいと賞賛されてきました。晩対楼(マンデル)に登って眺める屛山と洛東江(ナクトンガン)(韓国一の長い川525km)の景色は特に圧巻。私たちを案内してくれた柳寿仁(リュソンジン)さんの祖先柳成龍(号は西厓(ソ エ)、1542～1607)は、豊臣秀吉の壬辰倭乱（文禄の役）当時の領議政（現在の首相にあたる地位）で、軍務を総括する都体察使として、難を克服し強い軍隊の育成を先導した政治家。李舜臣(イスンシン)を見出したのも柳成龍です。李舜臣は亀甲船を建造し、水軍を率いて加藤清正ら豊臣秀吉による日本の侵攻軍を海上で破り、韓国ではハングルを制定したことで知られる世宗大王(セジョンデワン)と共に2大英雄と言われています。柳成龍は秀吉の朝鮮出兵について朝鮮側からの戦後反省を込めて記した著書『懲毖録』を書いたが、史料としても価値が高い記録で、韓国では朝鮮の名宰相として評価されているそうです。

　ここ屛山書院は柳成龍が弟子たちに教えを諭した場所で、柳成龍の没後、その教え子や近隣の儒者たちが故人の学徳を偲び、位牌を祭るために書院内に祠を建て、現在の形を成しました。また、書院内には柳成龍による文集をはじめ、各種文献一千余種、三千余本が在るそうです。

　私たちを案内してくださった柳寿仁さんが13代目と言って族譜を誇るわけです。

　安東市豊山邑、洛東江が緩やかにS字を描く、片側のカーブに位置するのが河回村だとすれば、屛山書院はその反対側のカーブに位置しています。それで河回村からここまで歩く人もいるそうです。安東市観光産業課によると、道案内の標識も整っており問題はないとのこと。徒歩40分程度です。

　屛山書院には柳寿仁さんの知り合いが案内し、説明してくださいました。入ってすぐカタツムリ型の野天トイレがありました。書院の外にある廚舎の前にある厠(ダルペンイディッカン)です。赤土石垣のはじまりの部分が最後の部分を隠すように丸く包む形で建てられており、その姿から名前をつけられています。出入り口をつけなくても中の人が外に見えないように配慮した構造で、屋根が無く空側が解放されており、儒生達の世話をした働き手達が使用していました。約400年前に書院の建物と共に建てられ、昔の記録では竹で壁を作っていたと伝われています。屛山書院付属の建物として、史蹟第206号(1977年)に指定されています。

　屛山書院の由来は、高麗の時代、安東豊山県にあった豊岳書堂(プンアクソダン)がその始まりで、

1572年に柳成龍が現在の位置に移し、屏山書堂としました。文禄・慶長の役で焼き払われた後も、1607年に再建、そして祠堂『尊徳祠(チョンドッサ)』を建てて書院になりました。その後、屏山書院は地方教育機関の一翼を担い、多くの学者を輩出し続け、1868年、大院君の書院撤廃礼においても難を逃れた47の書院のひとつとなりました。
　書堂と書院の違いについて、一般的には、両方とも私学の教育施設で、書院には祭祀を行う施設（祠堂）があり、道学的に先賢を祭るというのが主旨で、李退渓の陶山書堂も、柳成龍の屏山書堂も、それぞれ教え子たちが祠堂を建ててから書院となりました。また、祠堂で行われる祭祀は現在に至っても、毎年行われているそうです。ここでは尊徳祠が一番奥にあります。

カタツムリ型の野天トイレ

　廟宇(ミョウ)である尊徳祠には、柳成龍を主壁としてその第三子、柳珍の位牌(イッキヨダン)(チュビヨク)が祭られています。立教堂は先生が教えていたいわば教室。『芯の通った教育をする』という意味で、敷地の真ん中に作られています。東斎(トンヂェ)・西斎(ソチェ)は立教堂と晩対楼の中間に位置し、向かい合った建物で、当時は学生たちの寄宿舎として使われていました。晩対楼は屏山書院最大の見所。一木の階段を上がると広々とした広間になっていて、独特の朝鮮床がここでも見られます。200人ぐらいが入れるそうで、もともとは学生たちが、行事などがあって一同に会す時、この楼を使っていたとか。ここから見渡す屏山の優雅な風景はすばらしかったです。釘を使わない貴重な木造建築として、当時の建築技術を残した、貴重な歴史的財産として位置づけられています。典祀廳(チョンサチョン)は位牌が置かれている尊祠の右側に位置する建物で、尊祠にお供え物をするときに準備する建物です。

いよいよ柳寿仁さんの本貫、河回村(ハフェマウル)へ

　慶尚北道安東市 豊 川 面河回里(キョンサンブットアンドンシブンチョンミョンハフェリ)に位置する河回村は、洛東江(ナクトンガン)が緩やかにS字を描く地形の一画に集落を作っています。高麗時代の終わりごろ官職についた、柳従恵がこの地に開基して以来、大儒学者として知られる柳雲龍(リュウンヨン)や、文禄・慶長の役（壬辰倭乱・丁酉倭乱）のとき領議政(ヨンウィジョン)だった柳成龍(リュソンリョン)を筆頭に、多くの偉人を輩出し、代表的な両班の村と言われています。また、両班文化と庶民文化が調和をもって保っているこの村では、両班と庶民との関係をコミカルかつ風刺的に表現した、仮面劇（河回ビョルシンッグッタルノリ）が伝承され、国の重要無形文化財に指定されています。
　1984年に村全体が韓国の重要民俗文化財第122号に指定されているのをはじめ、河回村は2010年ユネスコによって慶州市(キョンジュ)の良洞村(ヤンドン)とともに世界文化遺産に登録されました。訪韓した国賓級の人物も足跡を残しており、1999年には英国のエリザベス女王が73歳の誕生日に訪れ、2005年には米国のブッシュ（父）元大統領が訪問しています。

私たちが河回村に着きましたら、幾人もの柳寿仁さんの関係者の方々の丁重な出迎えに恐縮しました。村はずれの駐車場から歩き始めると別世界に来たような、あの懐かしいわら屋根の韓屋、土塀、石塀、瓦屋根がのぞいていて、すっかり気持ちが高揚して、念願の河回村を歩き始めました。

北村宅 (プッチョンテッ)

　最初は、北村宅へ。1862年に建てられた村の北側を代表する建物のひとつで、屋敷内に、母屋、居間棟、祠堂、大門間棟などを備えた朝鮮王朝時代の典型的な両班屋敷です。屋敷内の「北村幽居」は、引退した前主人が余生を送るための建物で、ここの高い床から全村が見渡せるそうです。また、稲の脱穀機や駕籠が目に付きました。家は瓦葺きで、門は高く、かなりの家柄だったことが伺えます。

柳寿仁さんの実家

　次は、柳寿仁さんの実家、弟さんの家に招かれました。この家は1976年に造り直したので古宅ではなく現代建築ですが、朝鮮古建築の様式を良く残していると思いました。立派な高い門構えの大きな邸宅にもかかわらずトイレがわら屋根なのは、韓国では富は3代続かずと言う古来からの格言があり、まだこの家は発展中で頂点にはたどり着いていない、今後も栄え続けてほしいという願いの現れだそうです。お茶やお菓子、果物をごちそうになりつつ、現代版韓屋の建築様式を観察できるこの機会を逃さぬよう、皆キョロキョロと落ち着かない様子でした。

養真堂 (立巌古宅) (ヤンジンダン)

　養真堂は、大儒学者柳雲竜の住まいだった建物で豊山柳氏の大宗家。忠孝堂とともに河回村を代表する建物で、高麗時代の様式と朝鮮時代初中期の様式を併せ持つ貴重な資料になっています。当時は99間あったが今は55間で、ここも個人の私宅で許される最大規模の住宅であったようです。河回村で最も古い家屋で、築550年とか。高麗時代と朝鮮時代初・中期の様式を併せ持つ貴重な遺産で、宝物第306号に指定されています。ここの宗家の最高齢者と高崎が以前会って一緒に写真を撮っていたので、そのことを伝えると今もお元気で采配をふるっておられるとのこと。早速、会いに行ったところ他の皆さんも一緒にどうぞと言うことで、遠慮なく普段の生活の場に踏み込んでいくことになりました。明日は親戚の寄り合いがあるのでその準備中だそうで、野菜や肉が持ち込まれ、93歳の宗家の主がお嫁さんたちの仕事ぶりを見守っているところでした。私たちのためにお茶とお菓子を出してくださり、母は後で「あそこで食べたお菓子は何というの。韓国で一番おいしいお菓子だと思った」と言っていたので、私も遠慮せず食べておけば良かったと悔やまれたのでした。

　柳寿仁さんがお別れの挨拶をすると、涙をぬぐって悲しんでいたので、同族の繋がりは深いものだと感心しました。今はお亡くなりになったと聞きました。残念で懐か

しい方です。

忠孝堂 (チュンヒョダン)

　この村は、築何百年という建物が村のそこここに点在しています。1999年のエリザベス女王の訪問を機に、観光地としての整備が進み、今では、年間約百万人の観光客が訪れるようになりました。
　忠孝堂は、柳成龍の宗家。朝鮮中期の建築様式で52間の規模を残しています。また、敷地内には遺物博物館があり、柳成龍の様々な記録が展示されています。エリザベス女王のために作られた踏み台。公式の場で靴を脱いだことがない女王が靴を脱ぐ瞬間、世界でも大きく話題になったと書き残されています。
　短い時間の中で最後のルートに韓国俳優の柳時元(リュシオン)の家の前を通りました。門は閉ざされていましたが、門脇の壁に一つだけ穴があります。これは昔、科挙の試験を受けるためにソウルまで旅を続ける学者が旅の途中で困らないようにといつでもいくばくかのお金が入れられていた施し穴(ゾンビ)だそうです。穴は子供の手が届かない位置で、農夫の手が入らない大きさに作られました。韓国人の儒教精神の実践でしょうか。非常に興味深かったです。
　駐車場へ行くのに洛東江を挟んで芙蓉台(ブヨンデ)の対面の松林をサクサク歩いていくと、途中にテントを張って昼食を食べるところがあり、柳寿仁さんの弟さんが手配をしてくださり、用意されたおいしいピピンバをいただきました。
　桜がもう少しでほころびそうな桜並木を駐車場に戻り、反対側の「芙蓉台」へマイクロバスで回り込んでいきました。渡し舟でも行ける洛東河を越えたところにある小高い丘が芙蓉台のビューポイント。優雅に蛇行する洛東河と河回村の全景を見渡すことができます。河から登るのは大変そう。渡し舟は3人以上のお客さんが集まればいつでも出発。料金は往復で2,000ウォンです。私たちは一路聞慶へ行きます。

聞慶 (ムンギョン)

　聞慶市は慶尚北道(キョンサンプクド)の北西部にある市で、朝鮮時代には慶尚道と漢城(ハソン)を結ぶ幹線ルートが通り、韓国の地図でソウルと釜山(プサン)を対角線でつなげるとちょうど真ん中あたりに位置します。朝鮮時代(1392～1910)に地域と首都をつなぐ主要の峠道だった聞慶セジェ(イエッキル)(「鳥たちも飛び越えにくい峠」、昔の文献では草岾と言い、「草(すすき)が鬱蒼した峠」などの意味)として広く知られた場所です。朝鮮時代前からあったこの道に沿って文化が伝わり、古くからの文化遺跡が多く残る伝統的な都市です。聞慶セジェ道立公園入口には、昔の道博物館があり、「昔の道」といえば聞慶を思い出すほ

どです。また、昔から庶民たちが使用していた陶磁器の生産が多かった地域として今も伝統的な陶磁器を作る作家が活躍しています。その他、品質が優れた真鍮で作られた器や伝統韓紙などが古くから匠人の手で作られてきました。

ほかにも時代劇撮影所など、聞慶にはみどころが多いのですが、今回は時間がないので「聞慶陶磁器展示館」に寄るだけです。ここで一時間ほど見学し、今夜の宿、儒城温泉(ユソンオンチョン)に向かいました。

公州膳(コンジュソバン)などの工芸工房へ

翌3月31日は、宿泊先の儒城温泉から公州(コンジュ)の「忠南工藝協同組合(チュンナムコンイェヒョプトンジョハプソンジャン)」へ行きました。ここは伝統工法に乗っ取った膳を作っている工房です。材料は榧(カヤ)が良いが、銀杏(イチョウ)などは手軽で柔らかいから加工しやすく仕上げられると言うことでした。榧で膳を作ると日本円で50万円はするとのこと。美しいけれど手が出ない値段でした。

国立公州博物館(クッリッコンジュバツムルグァン)から水原華城(スウォンハソン)へ

そこから歩いて国立公州博物館に行きました。かつての百済(ペクチェ)の都のあったところに建っています。ハイライトは百済王朝のタイムカプセルで、1971年発見。出土した誌石により被葬者が百済第25代武寧王(ムリョンワン)とその王妃とわかり約千五百年の眠りをとかれました。金冠や耳飾り青銅鏡など副葬品も盗掘にも遭わなかったことも話題を呼びました。武寧王陵から出土した遺物が展示されており、日本になじみ深い百済文化について興味を持ちました。第1室は武寧王陵からの出土品と実際の大きさに合わせて模型の墳をつくり、王陵の内部を観覧できるようにしてあります。第2室は忠南地域から出土した遺物を時代順に展示してありました。庭園には樹齢80年以上の金松の木3本が立っており、この金松(高野槇)は武寧王と王妃の木棺の材料に使われた木と同じ樹種です。ここを早々に出て、水原(スウォン)に向かいました。

水原華城は、朝鮮朝第22代正祖大王(チョンジョ)によって1794(正祖18)年に着工され、2年後の1796年に落成した城です。TVドラマ「イ・サン」と言えば「正祖大王」です。また、TVドラマ「風の絵師」にも登場するとか。父の「思悼世子(サドセジャ)」が、祖父の英祖(ヨンジュ)に米櫃に閉じ込められ命を落とす。幼い頃に父親を亡くした正祖は、成長してからも父親を強く慕い、それが、正祖の政治ともからみ、ドラマに形を変えているようです。父の墓を移した場所が現在の水原であり、その墓のある土地を守るためにできたのが「水原華城」だといいます。その上、その水原に遷都まで考えたが、遷都の案から4年後に正祖が亡くなり、その案も頓挫したというのです。

1997年、昌徳宮と共に華城は世界文化遺産に登録されました。私たちは歩いて(一周約2時間半)華城を廻る高崎組と華城列車を利用する深沢組と別れ、列車組は華城の東部から乗り、華城列車の西部の降場からまた乗り往復し、途中の華虹門(ファホンムン)で降りました。華城を見学したあと、行宮、華城博物館、広報館なども見学できます。

高崎と深沢は待ち合わせて華虹門(ファホンムン)の近くの水原長安教会を探しました。ここに乗松雅休(のりまつまさやす)の記念碑が在るはず。教会堂裏の小高い所にひっそりと建っていました。光

復解放後、日本人の記念物が神社を始め根こそぎ破壊された韓国で、キリスト教伝道に一生を捧げた牧師乗松雅休の碑がここに残っています。日本人は朝鮮で死んでも骨は日本へ持ち帰るのに、日本で死んで骨を朝鮮に埋めた乗松は、いかに朝鮮を愛したことかと当時の人々を驚かせた牧師です。「乗松さんはどんな人でしたか」と私が対応してくれた老姉妹に尋ねると、「真綿のような方、ふんわりと、あたたかーい感じ」と答えられたその言葉が忘れられません。乗松牧師は死後、時間が遠のけば遠のくほど、近くなる不思議な人です、と。

この日は水原に泊まり、翌日は仁川空港へ直行しました。帰国する人と、さらに2日延泊して浅川巧の墓参などに行く人とに別れ、15人の旅を終えました。

終わりに

浅川兄弟、特に巧は「牧師にもなりたくない」と言いつつ「説教もする」と言い、当時の乗松雅休たちキリスト教伝道者のような影響を朝鮮に残しました。40歳で亡くなった巧の葬式には朝鮮の人が大勢駆けつけ、今も韓国の人たちが巧の墓を守っています。伝道者の牧師たち（乗松・織田・西田・曽田）は今なお韓国で尊敬を受けていますが、ただの平信徒だった浅川巧が伝道者と同様に多くの韓国人から「忘れられない人」と語られていることは偉大だと思います。伝道者たちはまず言葉を覚え、自己の日常生活の中で信仰を伝えました。浅川兄弟も朝鮮語を話し、特に巧の朝鮮語は朝鮮の人のようだったと言われています。そして、浅川兄弟は朝鮮の人々と分け隔てなく付き合って日々を暮らし、朝鮮の人々は彼らの日常と研究を受け入れました。

私たちも今回の旅で、歴史も建築も工芸も今日に息づいている姿を見ました。特に建築では千年も崩れないレンガ積塔や釘を使わない木組みの書院、伝統的な古宅、膳や陶磁器を今日に引き継いでいる工芸を見、工芸者にも会いました。韓国は日本と文化を共有しそっくりな点もありますが、石塔のように似て非なる点も多い国であり、文化の伝播を考えると日本から伝わった文化ではないことは明白です。文化がこのように近いのに、日帝時代の記憶や学習によって韓国人は政治的には日本を許さず、未だに反日なのです。

最近、韓国の梨花女子高校を含めて、日本の高校からも、浅川巧のお墓参りをする人が増えてきました。その若者たちが浅川兄弟の業績をどのように評価しているのか、過去の日韓関係史についてどのように思っているのか、今後の日韓関係についてはどのように思っているのか、これらについても知りたい、いや知らなければならないと思いました。

巧の生活や行動は、『浅川巧 日記と書簡』で知ることができます。1922年8月14日の項に、生活や行動の原則は日記の、「いつもそれに叶わせんためになりと云う信念」「此の世の生活を無駄にしない様に考える人間を見ることは力」という言葉に表れています。そして、常に「いかに生きるか」の自覚で貫かれている、と私は思います。欲張らず、気負わず「その時その時なすのみ」という気持ちで、自分に正直に、あるがままの自分、あるがままの朝鮮の人たちを愛していたと思います。

今、自分と向かい合っている人と自然（木）と物（陶磁器・木工）に対して真っ向

から向き合うことをしてきた人だと思います。上に被さった虚飾的なもの、名誉や地位は、巧にとって関心のないもの、排除されるべきものと映ったでしょう。日常使う雑器や埃をかぶったものであっても、使われてきたから残っている、実用こそ大事という巧の精神から、巧は本物(機能美)を見つけていきました。

　巧はものだけでなく、人間であれば心をも見ていたのだと思います。そこには日本人も朝鮮人もありません。そして、朝鮮の人、朝鮮の道具から浅川兄弟は、わたくしたち、朝鮮・韓国の人たち、世界中の人たちに受け入れられてよい普遍性を持ったものの見方、生き方を示し、伝えてくれます。

　伯教は62歳で戦後帰国し、身体を悪くして療養がちである中、たくさんの人が朝鮮陶磁のことを聞きに来ました。そしてその話をまるで自分が調べたような顔をして発表したそうです。それについて伯教は「おれの代わりにやってくれているんだ」と言っていました。伯教の名声を求めず、各々の人格を認め、いいものを発揮すればそれでよいと言う姿勢は一貫しています。

　今回の旅では出会った人すべてがすてきな方々で、親密な気持ちで交流ができました。そして、私たちは、過酷な日帝時代に朝鮮の人たちの心を動かした浅川兄弟をより身近に感じるようになりました。

　この旅で韓国をより深く理解し、身近に感じることができたのは、浅川兄弟が「導いてくれた」からだと高崎・深沢は強く感じています。

(深沢美恵子)

［執筆者略歴］
高崎宗司：津田塾大学教授
洪東和：韓国指定漆名匠
浜美枝：農政ジャーナリスト
片山まび：東京芸術大学美術学部芸術学科准教授
加藤利枝：柳宗悦研究家
深沢美恵子：山梨英和大学国際交流センター長
栗田邦江：民芸運動史研究家
李尚珍：山梨英和大学人間文化学部助教

増補新版
韓国民芸の旅

2001年2月1日　初版発行
2005年12月20日　増補版発行
2012年2月1日　増補新版発行
編著者　高崎宗司　Souji Takasaki
装丁者　菊地信義
発行者　内川千裕
発行所　株式会社草風館©
浦安市入船3-8-101
tel/fax 047-723-1688
e-mail:info@sofukan.co.jp
http://www.sofukan.co.jp
印刷所　創栄図書印刷

ISBN978-4-88323-187-4　C1026